यमराज ऑन अर्थ

बाल एवं किशोरोपयोगी हास्य नाटक

लेखक
अशोक 'अंजुम'

डायमंड बुक्स

ISBN : 978-81-288-2732-7

प्रकाशक : **डायमंड पॉकेट बुक्स (प्रा.) लि.**
X-30, ओखला इंडस्ट्रियल एरिया, फेज-II
नई दिल्ली-110020
फोन : 011-41611861
फैक्स : 011-41611866
ई-मेल : sales@dpb.in
वेबसाइट : www.dpb.in
संस्करण : 2010
मुद्रक : आदर्श प्रिंटर्स, शाहदरा, दिल्ली - 32

Bal Avam Kishoropyogi Hasya Natak
Ashok Anjum

भूमिका

...जो मुझे एक व्यंग्कार, ग़ज़लकार, दोहाकार, गीतकार के रूप में जानते-पहचानते रहे हैं उन्हें मेरा प्रस्तुत नाटक संग्रह ''यमराज ऑन अर्थ'' कुछ चौंका सकता है. .. तथापि बताऊँ कि मैं लगभग 12 वर्षों तक गम्भीरता से एक लेखक, अभिनेता तथा निर्देशक के रूप में नाटक से जुड़ा रहा हूँ...नाटक की दुनिया का अपना आनंद है...खैर, उन 12 वर्षों ने मेरे अन्दर जो नाटक की समझ पैदा की उसी की परिणति है ''यमराज ऑन अर्थ''।

नाटक लिखना मैं सर्वाधिक तो नहीं पर कठिन विधा अवश्य मानता हूँ क्योंकि इसमें लेखक को हर पात्र के मानसिक स्तर तक उतरकर फिर उसकी स्थिति-मन:स्थिति के आधार पर संवादों, स्थितियों को रचना, सँवारना पड़ता है।

इस कृति में कुल 12 नाटक संग्रहीत हैं जो कमोवेश बाल व किशोरोपयोगी कहे जा सकते हैं, तथापि बड़ों को भी इनमें कम आनंद नहीं आएगा, ऐसा मेरा विश्वास है।

पहला नाटक ''यमराज ऑन अर्थ'' जहाँ पर्यावरण की समस्या को उकेर रहा है वहीं 'ठीक है बापू' में नकलची मोण्टी को सीख मिलती है। 'काहे की तकरार' में ''प्रेम और भाईचारे'' का संदेश है तो वही ''बाबा गिरगिटानंद का योग'' में नये-नये योगियों की उग रही फसल पर कटाक्ष है। 'तमाशा' में शिक्षक की महत्ता का वर्णन है तो ''दो बनाम गैस का सिलेण्डर'' में हमारे लगातार सुविधा भोगी होते जाने की कथा है। नाटक ''बूढ़ी हँसी'' में बुजुर्गों की समस्याओं को उकेरने का प्रयास रहा है। अन्य नाटक भी किसी न किसी समस्या को उकेरने का प्रयास कर रहे हैं तथा इनमें में से अधिकांश नाटकों का प्रदर्शन कई-कई बार हो चुका है।

इस पुस्तक के प्रकाशन के लिए मैं डायमण्ड पब्लिकेशन्स श्री नरेन्द्रकुमार जी का आभारी हूँ जिन्होंने इसे बड़े सलीके से प्रकाशित किया है वहीं विशेषतया आभारी हूँ चर्चित हास्य कवि, बाल साहित्यकार श्री प्रेमकिशोर पटाखा

का- जिन्होंने इस पुस्तक को आपके हाथों तक पहुँचाने मे विशिष्ट भूमिका निभाई है। और आभारी हूँ पत्नी श्रीमती भारती शर्मा और बेटे अमन तथा बेटी देवांशी का भी-जिनका इस नाटकों में कई तरह से सहयोग रहा...

इस अवसर पर श्री राजेश कुमार, श्री शंकर प्रसाद करगेती, श्री प्रमोद राघव, श्री सुबोधनंदन शर्मा श्री राजीव अरोड़ा तथा श्री कुरियन को विशेष रूप से याद करना चाहूँगा क्योंकि ये सभी मेरे नाट्य लेख-निर्देशन और अभिनय के निरंतर साक्षी रहे हैं।

अब आपकी बारी कि आप क्या कहते हैं

प्रतीक्षारत्

अशोक अंजुम

615, ट्रक गेट, कासिमपुर-20212 (अलीगढ़)

मोबा. 09258779744 09358218907

समर्पण

चर्चित व्यंग्यकार
अग्रज
श्री अशोक चक्रधर
को

अशोक 'अंजुम'

(अशोक कुमार शर्मा)

* **जन्मदिन** - 15 दिसम्बर 1966 (वास्तविक), 25 सितम्बर 1966

* **कागज़ी शिक्षा** - बी. एस. सी., एम. ए. (अर्थशास्त्र, हिन्दी), बी.एड.

* **लेख विद्याएं** - मुख्यता गज़ल, दोहा, गीत, हास्य-व्यंग्य, साथ ही लघुकथा, कहानी व्यंग्य, लेख, समीक्षा, भूमिका, साक्षात्कार, नाटक आदि

* **प्रकाशित पुस्तकें :-**

1. भानुमति का पिटारा (हास्य-व्यंग्य कविताएं)
2. खुल्लम खुल्ला (हास्य-व्यंग्य कविताएँ)
3. मेरी प्रिय ग़ज़लें (ग़ज़ल संग्रह) पुरस्कृत
4.मुस्कानें हैं ऊपर-ऊपर (ग़ज़ल संग्रह) पुरस्कृत
5. दुग्गी, चौके, छक्के (हास्य-व्यंग्य कविताएँ)
6. अशोक अंजुम की प्रतिनिधि ग़ज़लें 7. तुम्हारे लिए ग़ज़ल (ग़ज़ल संग्रह) 8. एक नदी प्यासी (गीत संग्रह) पुरस्कृत 9. जाल के अन्दर जाल मियाँ (व्यंग्य ग़ज़लें) 10. क्या करें कन्ट्रोल नहीं होता (हास्य-व्यंग्य कविताएँ) 11. प्रिया तुम्हारा गाँव (दोहा-संग्रह) 12. यमराज ऑन अर्थ (नाटक संग्रह) इसी के साथ विभिन्न विधाओं की लगभग 32 पुस्तकें भी सम्पादित

* **अशोक अंजुम** : व्यक्ति एवं अभिव्यक्ति (श्री जितेन्द्र जौहर द्वारा संपादित) शीघ्र प्रकाश्य

* **सम्पादक** - अभिनव प्रयास (कविता को समर्पित त्रैमा.)

* **सम्मोपाधियाँ** - विशिष्ट नागरिक, राष्ट्रभाषा गौरव, हास्य-व्यंग्य अवतार, श्रेष्ठ कवि, लेखकश्री, काव्यश्री, साहित्य श्री, समजा रत्न, हास्यावतार, मेन ऑफ द इयर, साहित्य शिरोमणि.....आदि दर्जनों सम्मानोपाधियाँ

* पंकज उधास (चर्चित गायक), श्री साहब सिंह वर्मा (तत्कालीन मुख्यमंत्री दिल्ली), ज्ञानी जैलसिंह (भू.पू.राष्ट्रपति) श्री मुलायम सिंह यादव (त. मुख्यमंत्री उ.प्र.), सांसद शीलम गौतम (अलीगढ़), श्री आई. एस. पर्सवाल (महाप्रबंध एन. टी. पी. सी. दादरी), श्री कन्हैयालाल सर्राफ़ (चर्चित उद्योगपति, मुम्बई), महामहिम के. एम. सेठ. (राज्यपाल छ.ग.)इत्यादि गणमान्य हस्तियों द्वारा विशिष्ट समारोहों में सम्मानित।

* **सम्पर्क** - **615, ट्रक गेट, कासिमपुर पावर हाउस, अलीगढ़- 202127, उ.प्र.**

* **मोबाइल नं.** - **09258779744, 09358218907, 09997242370**

विषय सूची

यमराज ऑन अर्थ

पात्र : यमराज और दो यमदूत, कुछ अन्य पात्र स्वसुविधानुसार रखे जा सकते हैं

पहला दृश्य

यमलोक का सीन, जिसे स्वसुविधानुसार व्यस्थित किया जा सकता है।

यमराज एक तरफ अपने सिंहासन पर बैठे हैं। उनके पास दो यमदूत खड़े हैं।

यमदूत1: बॉस, आज आप कुछ परेशान दिखाई दे रहे हैं।

यमराज: हम अब अपने काम से प्रसन्न नहीं हैं।

यमदूत : क्यों बॉस!?

यमराज : दरअसल, पहले अक्सर हमारे पृथ्वीलोक के टूर बनते रहते थे। कुछ बेहतरीन आत्माओं को लेने हमें स्वयं पृथ्वीलोक जाना पड़ता था। इससे अच्छा-खासा टी.ए., डी.ए. भी बन जाता था।

यमदूत 1: हाँ सो तो है बॉस। थोड़ा-बहुत आपके साथ हम लोगों का कल्याण भी हो जाता था। (फीकी हंसी हंसता है)

यमदूत 2: बॉस, आप तो हमेशा से यह काम कर रहे थे, तब हाईकमान ने अचानक अब सारा सिस्टम क्यों बदल दिया?

यमराज: दरअसल, अब एक तो अच्छी आत्माएँ पृथ्वीलोक पर बहुत कम बची हैं, दूसरे भैंसे से जाने पर हमें बहुत टाइम भी लग जाता था। कुछ अच्छी आत्माओं ने पिछले दिनों हाइकमान से जब हमारे भैंसे की स्लो स्पीड के बारे में बताया, तो उन्होंने हमारे भैंसे को भी नौकरी से हटा दिया। अब उसका सारा खर्चा मुझे ही उठाना पड़ रहा है आप लोग तो जानते ही हैं कि अपने भैंसे की डाइट कितनी हैवी है।

यमदूत 1: यस, सर पर डे दो क्वींटल काजू-बादाम से तो उसका ब्रेकफास्ट होता है।

यमराज : खैर, असली बात ये है कि मैंने हाईकमान को एक महीने की छुट्टी की एप्लीकेशन दी है। मैं तुम लोगों के साथ एक महीना पृथ्वीलोक पर बिताना चाहता हूँ।

यमदूत (दोनों): रियली सर!

यमराज : यस, डेफिनेटली!

(तभी यमराज के मोबाइल की घण्टी बज उठती है।)

यमराज : हैलो...ओह यस सर...गुड मार्निंग सर...हाँ...हाँ सर...अरे नहीं सर...ऑनली वन मन्थ सर...हाँ...हाँ... जी...ओ के...थैंक्यू, थैंक्यू सर! (फोन बन्द करते हुए) हाईकमान का फोन था, वन मन्थ लीव सैंग्शन हो गई हैं।

यमदूत1: वॉऊ! मजा आ गया सर!
यमराज : तो तैयारी शुरू करो, कल निकलना है।
यमदूत (दोनों) : ओ. के. बॉस!

दूसरा दृश्य

(मंच के पीछे पर्दे पर पृथ्वीलोक से जुड़े दृश्य दिखाये जा सकते हैं)

यमराजः यमदूत, हम लोग एक अर्से बाद पृथ्वीलोक पर आये हैं, यहाँ तो सब उलट-पुलट हो गया है।

यमदूत1 : (अपने दुपट्टे से पसीना पोंछते हुए) यस बॉस, बहुत गर्मी भी लग रही है इस बार तो।

यमदूत2 : बॉस, धूल-धुएँ से इस बार तो साँस लेने में भी प्रॉब्लम हो रही हैं।

यमराज : इंसान ने तो लगता है इस स्वर्ग से भी सुन्दर धरती का कबाड़ा कर के रख दिया।

यमदूत1 : चारों तरफ कचरे के ढेर और गंदे नाले दिखाई दे रहे हैं। (एक तरफ इशारा करते हुए) ये नाला देखिए बॉस, पिछली बार जब हम यहाँ आए थे तो यहाँ कोई नदी होती थी, क्या नाम था उसका... (सोचता है)

यमदूत2 : यमुना नदी, अरे ये वही नदी है, लेकिन इंसान ने इसमें इतना कचरा बहाया है कि ये गंदे नाले से भी बद्तर हो गई है।

यमदूत1 : अरे बाप रे! इसका मतलब तो इंसान ने सारी नदियों का ऐसे ही सत्यानाश कर दिया होगा।

यमराज : और क्या, वो देखो...वो गंगा नदी है, देखो इसकी भी क्या हालत बना दी इस इंसान ने।

यमदूत2 : (आश्चर्य से) गंगा!...क्या ये गंगा नदी है!...ये तो बड़ी कमजोर और मैली दिखाई दे रही है।

यमराज : चलो, आगे चलते हैं, मुझसे गंगा की ऐसी हालत नहीं देखी जा रही।

यमदूत1 : चलिए, बॉस चलिए...हम भी गंगा की ऐसी हालत नहीं देख सकते।

(आगे बढ़ते हैं तो कुछ लोग जंगल काटते दिखाई देते हैं।)

यमदूत2 : अरे बॉस, ये बेवकूफ तो अंधा-धुंध पेड़ों को काटे जा रहे हैं।

यमराजः (दु:ख से) हाँ, मैं भी देख रहा हूँ।

यमदूत1 : लेकिन बॉस कुछ करिए, अन्यथा ये मूर्ख तो इस पूरी धरती को ही उजाड़ देंगे।

यमराज : डीयर यमदूतो! हम कुछ नहीं कर सकते। दरअसल, हाईकमान ने चलते हुए हमें सख्त हिदायत दी थी कि पृथ्वीलोक पर पहुँच कर हम अपनी शक्तियों को प्रयोग न करें। मनुष्य के किसी भी काम में टाँग न अड़ायें।

यमदूत2 : लेकिन हम इन्हें ये तो बता सकते हैं कि पेड़ों के बिना इंसान संकट में पड़ जाएगा।

यमराज : इंसान ये सब जानता है, वह पेड़ों के महत्व को भली-भाँति समझता है, लेकिन थोड़े से लाभ के लिए वह अमूल्य पेड़ों को कटवाने से नहीं चूकता। ऐसा करके वह निश्चित रूप से अपने पैरों पर ही कुल्हाड़ी मार रहा है। आज दिनों-दिन पृथ्वी पर जो मौसम गर्म हो रहा है उसमें तेजी से कट रहे जंगलों की बहुत बड़ी भूमिका है।

यमदूत1 : चलिए बॉस, आगे चलते हैं, ये मूर्ख तो धरती को उजाड़ कर ही मानेंगे।

(आगे बढ़ते हैं, नेपथ्य से गाड़ियों की, मशीनों की घरघराहट आदि की आवाजें आती हैं।)

यमदूत1 : मेरा तो दर्द के मारे सर फटा जा रहा है।

यमदूत2 : मुझे तो इस धूल-धुँए से चक्कर आ रहे हैं, लगता है वॉमिटिंग हो जाएगी।

(सिर पकड़ के एक तरफ बैठ जाता है और उल्टियाँ करने का अभिनय करता है। थोड़ी देर में यमदूत-1 उसे सहारा देकर उठाता है।)

तभी यमराज के मोबाइल की घण्टी बजती है।

यमराज : हैलो...ओह! गुडमार्निंग सर...हाँ सर, सुना तो मैंने भी है... अच्छा सर, ओ.के....ओ.के. सर।

यमदूत2 : किसका फोन था बॉस?

यमराजः स्वर्गलोक से हाईकमान का फोन था, कह रहे थे कि पृथ्वीलोक पर स्वाइन फ्ल्यु नाम की महामारी फैली हुई है, अतः हम लोग जल्दी 'वापस यमलाक को लौट आएं और साथ ही अपना पूरा चैकअप कराके सर्टिफिकेट भी साथ लाएँ। (थके और उदास स्वर में) यमदूतो! हमें पृथ्वी पर आये कितना टाइम हो गया?

यमदूत1 : आई थिंक, टू डेज़ सर!

यमराज : ऑनली टू डेज़! लगता ऐसा है जैसे महीनों गुज़र गए हैं। ध रती का जो हाल है उससे अब और समय यहाँ बिताना हमारे लिए खतरें से खाली नहीं रहेगा। वॉट यू थिंक?

यमदूत2 : (थके स्वर में) यू आर राइट सर! मेरे ख्याल से हमें यमलोक वापस चलना चाहिए।

यमदूत1 : ये सही कह रहा है सर, अगर हम ज्यादा देर यहाँ रुके तो हमें निश्चित रूप से कोई न कोई बीमारी लग जाएगी।

यमदूत2 : लेकिन बॉस, हमें वापस जाने से पहले पृथ्वीवासियों को सचेत अवश्य करना चाहिए।

यमदूत1 : यस बॉस, इन्हें समझाना तो चाहिए, फिर ये मानें न मानें, इनका काम।

यमराज : तुम सच कह रहे हो यमदूतो! (थोड़ा रुक कर सोचता है फिर दर्शकों को सम्बोधित करते हुए)

पृथ्वीवासियो! मैं यमराज, आप सब को सावधान करना चाहता हूँ कि आप लोग अभी भी चेत जाओ, न सिर्फ पेड़ों-वनों का विनाश एकदम रोक दो बल्कि जितना हो सके अधिक से अधिक पेड़ लगाओ नदियों को प्रदूषित मत करो...बन्द करो इनमें कचरा डालना। पानी की भी एक-एक बूँद बचाओ, नहीं तो भावी पीढ़ियाँ प्यासी मरेंगी! रोको ये धूल-धुँए के बादल, जिन्होंने साँस लेना दूभर कर दिया है। रोक लगाओ अपनी बेतरह पैर पसारती इच्छाओं पर, नहीं तो ये पृथ्वी नहीं बचेगी। और फिर कुछ नहीं बचेगा...कुछ नहीं...कुछ नहीं। (आवाज मद्धम होती जाती है।)

यमराज और यमदूतों का मंच से प्रस्थान होता है और उनके जाते ही कुछ बच्चे मंच पर पौधे लेकर आते हैं और उन्हें जगह-जगह लगाने का अभिनय करते हैं। साथ-साथ नेपथ्य में गीत चलता है-

पर्यावरण बचाओ साथी,
पर्यावरण बचाओ।
.....
जल के बिना ज़िन्दगी कैसे
चल पाएगी, बोलो
नदियों में कचरा मत डालो
जहर न इनमें धोलो,
कहर न इनपे ढाओ साथी,
पर्यावरण बचाओ!
....

पेड़ हमारे जीवन-साथी,
पेड़ हमारे दाता,
पेड़ों से है इन्सानों का
साँस-साँस का नाता;
इन्हें न तुम कटवाओ साथी,
पर्यावरण बचाओ!
गैसें घोल-घोलकर तुमने
कर दी हवा विषैली,
आसमान की उजली चादर
अब है मैली-मैली
अरे होश में आओ साथी-
पर्यावरण बचाओ!
पर्यावरण बचाओ साथी,
पर्यावरण बचाओ!

पर्दा गिरता है

ठीक है बापू!

पात्र :-

नट-नटी (सूत्रधार)

मोन्टी-उम्र : 14 वर्ष

सुनीता-उम्र : 35 वर्ष,

गांधी जी

शिक्षक-1

शिक्षक-2

कक्षा के कुछ विद्यार्थी (सुविधानुसार)

मंच पर नट का प्रवेश

नट- हाँ, तो मेहरबान, साहिबान, कदरदान!

दूसरी और से नटी का प्रवेश

नटी - अरे, आगे तो बोलो पहलवान!

नट - अरे, तू भी आ गई।

नटी - क्यूँ, मुझ पर क्या कोई रेस्ट्रक्शन है?

नट -अय हय, तू तो अंग्रेजी भी बोलती है।

नटी - ये सब छोड़...ये बता कि यहाँ इतने सब लोग क्यों जमा हैं?

नट - अरे बावली, तुझे ये भी नहीं पता...अरे हम इन्हें आज एक छोटा सा नाटक 'ठीक है बापू' दिखाने जा रहे हैं।

नटी - क्या कहा, कहाँ जा रहे हैं?

नट - अरी बावली, जा कहीं नहीं रहे...अरे यहाँ जो महानुभाव उपस्थित हैं, हम उन्हें एक नाटक दिखाएंगे।

नटी - अच्छा! तो ये बोल न...चल फिर शुरु करते हैं।

नट - ठीक है चल...

(मंच से प्रस्थान)

ड्राइंगरूम का दृश्य। एक बच्चा थका-हारा-सा आता है और आते ही कुर्सी पर पसर जाता है। तभी उसकी माँ सुनीता का मंच पर प्रवेश-

सुनीता - अरे मोण्टी, आ गया बेटा! आज बड़ी देर कर दी।

मोण्टी - आज का मैच बहुत इंपोर्टेन्ट था मम्मी। मैंने आज चार विकेट लिए...पचास रन भी बनाये! मैं आज मैन ऑफ द मैच चुना गया।

सुनीता - ये तो ठीक है बेटा, लेकिन कल के पेपर की भी फिकर है. ..कल साइंस का पेपर है...उसकी कैसी तैयारी है?

मोण्टी - ठीक है मम्मी! आप देखना बहुत अच्छे मार्क्स आएंगे।

सुनीता - तुम्हें पढ़ते तो मैं देखती नहीं हूँ, मेरी समझ में तो आता नहीं कि तुम अच्छे नम्बर ले आओगे...मुझे तो डर है कि कहीं फेल ही न हो जाओ!

मोण्टी - अरे नहीं मॉम...आप चिंता न करो।

सुनीता- अच्छी बात है बेटा...ईश्वर करे अच्छे मार्क्स आएं तुम्हारे।(कहते हुए कमरे से चली जाती है)

मोण्टी - (स्वयं से) मैंने माँ से कह तो दिया लेकिन सांइस में वाकई मेरी कुछ भी तैयारी नहीं है। अब क्या होगा...?(बेचैनी से हाथ में किताब लेकर इधर-उधर घूमते हुए पढ़ने का अभिनय करता है।)

मोण्टी - हड़बड़ी में तो मुझे कुछ भी याद नहीं हो रहा, क्या करूँ कुछ समझ नहीं आ रहा। (पुनः टहलते हुए याद करने की कोशिश करता है।)

मोण्टी - धत्! बार-बार दिमाग क्रिकेट के फील्ड की तरफ चला जाता है; खुद के लगाए हुए चौक-छक्के याद आने लगते हैं, दोस्तों की शाबाशी, दर्शकों की तालियाँ, फिजिक्स के लाइट और साउण्ड पर भारी पड़ रही हैं...क्या करूँ, कुछ समझ नहीं आ रहा...(कुछ देर सोचते हुए) अब तो लगता है एक ही फार्मूला अपनाना पड़ेगा कि चीटिंग के लिए काग़जों की पर्चियाँ बना लूँ...हाँ, ये ठीक रहेगा। (कुर्सी पर बैठकर तेजी से काग़जों की पर्चियाँ बनाता है, बार-बार इधर-उधर तथा अंदर के दरवाज़े की ओर भी देखता जाता है। पर्चियाँ बन जाने के बाद सभी को हाथ में लेते हुए।

मोण्टी -इसे शर्ट के कॉलर में रख लूंगा.... इसे जूते का साक्स में... इसे अपनी डेस्क में छिपादूंगा... इसे अंदर वाली जेब में... इसे (अभी मोण्टी योजना बना ही रहा था कि उसे महात्मा गांधी की आवाज़ सुनाई देती है)

गांधी जी - ये गलत है मोण्टी बेटा।

मोण्टी - क..क..कौन? (अचानक हड़बड़ा जाता है)

गांधी जी - (मंच पर प्रवेश करत हुए।) ये...ये...मैं हूँ मोण्टी बेटा...मैं. ..गांधी...मोहनदास करमचंद गांधी...।

मोण्टी - बा..ब..बापू आप!?

गांधीजी - हाँ बेटा, मैं... मैं ही हूँ... तुम परीक्षा उत्तीर्ण करने के लिए जो तरीका अपना रहे हो वह उचित नहीं है प्रिय!

मोण्टी - अरे क्या बापू। आप भी कैसी बातें करते हो? इससे कुछ नहीं होता...अब, जब मैं लर्न ही नहीं कर पाया तो पास होने के लिए कुछ तो करना पड़ेगा!?

गांधी जी - ऐसे उत्तीर्ण होने से बेहतर है कि तुम अनुत्तीर्ण हो जाओ।

जीवन सच्चाई-ईमानदारी से चलता है...इस प्रकार चीटिंग करने से तुम जीवन में कभी सफल नहीं हो सकते!

मोण्टी - सच्चाई-ईमानदारी (हँसता है) बापू...अब आपकी सच्चाई, ईमानदारी को कोई नहीं पूछता...दो पैसे की भी कीमत नहीं है अब इनकी...

गांधी जी - मोण्टी बेटा...ये वो नैतिक मूल्य हैं जो कभी भी समाप्त नहीं हो सकते...

मोण्टी - अरे ये मूल्य-वूल्य छोड़ो बापू...मालूम है आज मैंने जबरदस्त बैटिंग करते हुए पचास रन बनाये और चार विकेट भी लिए...मुझे मैन ऑफ द मैच मिला है...

गांधी जी - (मुस्कराते हुए) ये सब तो ठीक है लेकिन इस वजह से तुम कल होने वाली विज्ञान की परीक्षा की बिल्कुल तैयारी नहीं कर पाए...

मोण्टी- अरे बापू...उसी की तो तैयारी कर रहा था (चीटिंग की पर्चियाँ दिखाता है) ये देखिये...आपने बेवक्त एण्ट्री मार के डिस्टर्ब कर दिया।

गांधी जी - बेटा, मेरी बात हमेशा याद रखना...जो लोग सफलता के लिए गलत मार्ग अपनाते हैं वे जीवन भर पछताते रहते हैं।

मोण्टी - मेरा मूड खराब मत करिये बापू...इधर मैं देख रहा हूँ कि आप कहीं भी पहुँच जाते हो...आजकल फ़िल्मों मे भी आपने एण्ट्री मार ली है...अभी-अभी आपको मैंने संजय दत्त की 'लगे रहो मुन्ना भाई' में भी देखा था...क्या जोरदार एक्टिंग की है आपने...मज़ा आ गया...।...लेकिन बापू, सॉरी, अब आप जाइये...मुझे अभी कुछ पर्चियाँ बनानी हैं...

गांधी जी - ऐखो मोण्टी बेटा, एक बार फिर सोच लो...और फिर...अगर पकड़े गये तो सभी के सामने तुम्हारा कितना अपमान होगा...क्या ये सोचा है तुमने?

मोण्टी - अरे बापू...किसी को ज़रा-सी भी हवा नहीं लगने दूंगा...चीटिंग में अपुन का जवाब नहीं (कॉलर ऊँचे करता है) पिछले साल एनुअल एग्ज़ाम में एट्टी परसेंट चीटिंग करके ही लाया था...वरना अपुन के पास पढ़ाई-लिखाई के लिए टाइम कहाँ है...अपुन को तो क्रिकेट मे मैदान में, या चार-दोस्तों के साथ मटरगस्ती करने में मज़ा आता है...अच्छा बापू.

..प्लीज़ आप किसी और को ये सब पाठ पढ़ाइये...प्लीज़ डोन्ट टेक अदरवाइज़, दरअसल अभी मुझे बहुत काम है।

गांधी जी - अच्छा बेटे...जैसी तुम्हारी इच्छा...मैं तो यही कहूँगा कि तुम ईमानदारी से अपनी परीक्षा दो...

(गांधी जी का मंच से प्रस्थान)

मोण्टी - ये बापू भी पता नहीं कहाँ से आ टपके, कितना टाइम खा गये मेरा...उफ्..! (पुनः पर्चियाँ बनाने में लग जाता है।)

(पर्दा गिरता है)

(पर्दे के आगे मंच पर नट-नटी का प्रवेश)

नटी - क्यों रे नट, ये मोण्टी तो बड़ा बदमाश है।

नट - हाँ, देख तो, इसने बापू की बात भी नहीं मानी।

नटी - देखा, चीटिंग के लिए कितना कॉन्फिडेन्ट था।

नट - हाँ, नकल की पर्चियां बना-बनाकर कैसे जगह-जगह फिट कर ली हैं उसने!

नटी - अब गया कहाँ, वो दिखाई नहीं दे रहा।

नट - अरे जाएगा कहाँ...स्कूल गया है एग्ज़ाम देने!

नटी - स्कूल...अरे हाँ...टाइम क्या हो रहा है!

नट - (घड़ी देखते हुए) नौ बजे हैं!

नटी - अरे, तब तो एग्ज़ाम चल रहा होगा, चलो चलकर देखते है क्या चल रहा है?

नट - हाँ, हाँ चलो!

(पर्दा उठता है)

(क्लास रूम का दृश्य, परीक्षा चल रही है। परीक्षार्थियों के बीच मोण्टी भी बैठा हुआ है। शिक्षक परीक्षार्थियों के बीच इधर-उधर टहलते हुए सब पर निगाह रखे हुए हैं। मोण्टी शिक्षक की निगाह बचाकर चीटिंग के पर्चे निकालकर चीटिंग करने की कोशिश करता है, तभी अचानक शिक्षक की निगाह उस पर पड़ जाती है। शिक्षक तेजी से उसके पास जाता है और उसे चीटिंग के पर्चे के साथ पकड़ लेता है। मोण्टी 'सॉरी सर' कहता है लेकिन शिक्षक एक अन्य शिक्षक को बुलाकर मोण्टी की पूरी तलाशी लेता है। मोण्टी के कपड़ों में जहां-तहां चीटिंग की पर्चियां निकलती जाती हैं।)

शिक्षक1 – (दूसरे से) सर, आप इसे प्रिंसिपल साहब के ऑफिस में ले जाइये।

शिक्षक2– कमाल है, ये तो पूरी किताब से ही पर्चियाँ बना लाया है।

शिक्षक1 – (मोण्टी से) इतना टाइम तुमने पर्चियाँ बनाने में लगाया, इतने में तो तुम बहुत कुछ याद कर लेते।

मोण्टी – (रोते-रोते) सॉरी सर, सॉरी सर...अब कभी चीटिंग नहीं करूँगा; इस बार माफ़ कर दीजिए सर...प्लीज़ सर!

शिक्षक2 – तुम मेरे साथ चलो। माफ़ करना है या नहीं करना इसका निर्णय प्रिंसिपल सर करेंगे। (रोते हुए मोण्टी को लेकर, दूसरा शिक्षक उसकी कॉपी और चीटिंग की पर्चियों के साथ उसे प्रिंसिपल के ऑफिस की ओर ले जाता है।)

(पर्दा गिरता है)

(पर्दे के आगे नट-नटी का प्रवेश)

नटी – अरे नट, ये मोण्टी तो पकड़ा गया...मुझे पहले से ही डर था!

नट – पकड़ा तो जाना ही था...ये आजकल के बच्चे पता नहीं अपने आप को कितना होशियार समझते हैं।

नटी – हाँ, सोचता होगा कि टीचर की आँखों में धूल झौंक देगा।

नट – हाँ, और नहीं तो क्या...अरे, टीचर ऐसे नकलची बच्चों के हाव-भाव बड़ी आसानी से ताड़ जाते हैं।

नटी – और क्या...अरे टीचर्स का पाला तो अक्सर ऐसी स्थितियों से पड़ता ही रहता है।

नट – अरे हाँ, तुझे पता है कि प्रिंसिपल साहब ने मोण्टी को क्या सज़ा दी?

नटी – हाँ, हाँ सुना है, साइंस में जीरो होने के कारण अब उसकी एक साल की पढ़ाई मारी जाएगी।

नट – चीटिंग के मामले में प्रिंसिपल साहब के नियम बहुत कड़े हैं

नटी – हाँ, इस बारे मे वे किसी की नहीं सुनते।

नट – चल तो ज़रा मोण्टी के घर चल कर देखते हैं उस पर क्या बीत रही है।

नटी – हाँ चल, चलकर देखें तो...

(नट-नटी का प्रस्थान)

(पर्दा उठता है)

(मोण्टी अपने कमरे में अकेला बैठा सिसक रहा हैं)

मोण्टी - (स्वयं से सिसकते हुए) आज मैंने माँ-पिताजी का बुरी तरह दिल तोड़ दिया है (हिचकियाँ) निश्चित रूप से बहुत बदनामी का काम किया है मैंने...(हिचकियाँ लेते-लेते फिर जोर से रोने लगता है।) तभी बापू प्रकट होते हैं।

गांधी जी - मोण्टी बेटे

(सिसकियाँ लेते हुए धीरे-धीरे सिर उठाकर बापू को देखता है और 'बापू' कहते हुए ज़ोर से रोने लगता है।)

गांधी जी - अब क्यों रोते हो बेटा...रोओ मत!

मोण्टी - मुझे माफ़ कर दो बापू...आपने कितना समझाया...कितना मना किया...लेकिन मेरी अक्ल पर तो जैसे पर्दा पड़ा हुआ था...मैंने आपकी बात नहीं मानी...(रोता है)

गांधी जी - रो मत मोण्टी बेटा...जो समय बीत गया वह वापस नहीं आता...जीवन में भूल हर इंसान से होती है...लेकिन सच्चा इंसान वह है जो इन भूलों से सीख ले और जीवन में उन्हें भूलकर भी न दोहराए।

मोण्टी - (सिसकते हुए) आप सच कहते हैं...बापू! मैं कसम खाता हूँ कि अब भविष्य में कभी ग़लत तरीकों से सफल होने की कोशिश नहीं करूंगा, सदा सच्चाई और ईमानदारी के रास्ते पर चलूँगा।

गांधी जी - मोण्टी बेटा, सच्चाई-ईमानदारी की राह पर चलना कठिन अवश्य है लेकिन यही वे गुण हैं जो मनुष्य को जीवन के सर्वोच्च शिखर की ओर ले जाते हैं। अगर मनुष्य निर्भीकता के साथ इन रास्तों पर चलता रहे तो एक न एक दिन वह अवश्य अपने लक्ष्य को पा लेता हैं। तुम मेरी ये बात अच्छी तरह से गाँठ बांध लो।

मोण्टी - ठीक है बापू, मैं आपकी ये सीख अब कभी नहीं भूलूँगा।

(पर्दा गिरता है)

समाप्त

काहे की तकरार

अशोक अंजुम

पात्रः-

फकीर, दो शिष्य,

बच्चा (विद्यार्थी, गुड्डू), व्यक्ति (प्रो. इरफ़ान), माँ (शीला), पिता श्रीकृष्ण, महात्मा बुद्ध, महावीर स्वामी, ईसा मसीह, गुरुनानक, मौलवी जी तथा सुविधानुसार कुछ अन्य पात्र।

विस्फोटों की आवाज़ के साथ कलाकर बदहवास-से मंच पर इधर-उधर दौड़ रहे हैं। बीच-बीच में नेपथ्य से चीखने-चिल्लाने की आवाज़ें भी

सुनाई देती हैं। आवाज़ें धीरे-धीरे कम होने लगती हैं और गीत के स्वर संगीत के साथ उभरते हैं; इस गीत के साथ एक फकीर का मंच पर प्रवेश होता है (साथ में एक-दो शिष्य भी रखे जा सकते हैं) गीत-

बम, बबम बबम
बम, बबम बबम
बम, बबम बबम
बम, लहरी बम
जाने कहाँ पहुँचना था और
जाने कहाँ पहुँच गये हम!
बम बबम बबम...
बदमाशों के टोले हैं
गोली हैं, हथगोले हैं
हर सिस्टम ने कई-कई
ज़हर हवा में घोले हैं
जिसको फूल समझते हैं-
वो फट जाता बनकर बम!
बम, बबम बबम...

गीत की समाप्ति के साथ ही फकीर और उसके शिष्यों का प्रस्थान। विस्फोट चीख-पुकार के साथ लोगों के इधर-उधर दौड़ने का दृश्य एक बार पुनः मंच पर दिखाई देता हैं

तभी मंच पर एक बच्चा (विद्यार्थी) का प्रवेश जो बहुत घबराया हुआ है और उसकी पीठ पर स्कूल बैग लटक रहा है। वह इधर-उधर दौड़ते लोगों को रोकते हुए उनसे विस्फोटों और उनके भागने का कारण जानना चाहता है; लेकिन कोई भी नहीं रुकता।

बच्चा (विद्यार्थी) -(रुदन भरे स्वर में) कोई रुकता क्यों नहीं है... सब...ये सब इधर-उधर क्यों भाग रहे हैं...कोई मुझे कुछ बताता क्यों नहीं है?

(नेपथ्य से चीख-पुकार, विस्फोटों की आवाज़ें लगातार आ रही हैं। विद्यार्थी का रुदन सुनकर एक सभ्य पुरुष रुकता है और उसके पास आकर उससे पूछने लगता है)

व्यक्ति- बेटा, यहाँ क्यों खड़े हो...रो क्यों रहे हो?
बच्चा - अंकल अंकल, ये कैसा शोर-शराबा है?...ये धमाकों की आवाज़ें क्यों आ रही हैं?...ये लोग इधर-उधर क्यों भाग रहे हैं?
व्यक्ति- बेटा, शहर में दंगा हो गया है तुम जल्दी यहाँ से घर चले जाओ नहीं तो मुसीबत में फँस जाओगे।
बच्चा-(सहमकर) दंगा...ये क्या होता है अंकल!?
व्यक्ति - कुछ सिर-फिरे लोग बिना किसी कारण एक-दूसरे की जान के दुश्मन हो जाते हैं और शांति का वातावरण चीख-पुकारों में बदल जाता है। इसलिए हम ये भी कह सकते हैं कि दंगे का कोई कारण नहीं होता और कभी इसका छोटा-बड़ा कोई भी कारण हो सकता है।
(तभी अचानक विस्फोटों और चीख-पुकारों व मारो-मारो की आवाज़ तेज़ होती जाती है और व्यक्ति तथा बच्चा बदहवास से एक पल को इधर-उधर को देखते हैं। तभी व्यक्ति तेजी से बच्चे का हाथ पकड़कर उसे मंच से एक ओर खींच ले जाता है।

(पर्दा गिरता है)

दूसरा दृश्य.....

(किसी घर के ड्रांइगरूम का दृश्य)

(मंच पर वही बच्चा, वही व्यक्ति और बच्चे की माँ दिखाई देती हैं। माँ ने बच्चे को स्वयं से लिपटा रखा है, और प्यार से उसके सिर पर हाथ फेर रही है। व्यक्ति के प्रति उसके चेहरे पर कृतज्ञता का भाव है।)
माँ - मेरा बेटा...मेरा गुड्डू...कहाँ रह गया था बेटा...मेरी तो जान ही निकली जा रही थी। (व्यक्ति की तरफ मुखातिब होते हुए)
भाई साहब, आपने हमारे ऊपर जो अहसान किया है, उसे हम सारी ज़िन्दगी नहीं भूल सकते!
व्यक्ति - अरे अहसान की ऐसी कोई बात नहीं है बहन जी, मानव होने के नाते मैंने अपना फर्ज़ ही पूरा किया है। (तभी बच्चे के पिता का हड़बड़ाते हुए मंच पर प्रवेश)
पिता - अरे गुड्डू बेटा...तुम आ गये! ...कहाँ रह गए थे बेटा!? मैं जाने कहाँ-कहाँ तुम्हें ढूँढ़कर आ रहा हूँ (तभी पुरुष की ओर देखते हुए) अरे सर आप!?

माँ - ये भाई साहब ही तो गुड्डू को लेकर आये हैं।

पिता -अच्छा! थैंक यू...थैंक यू सर!...अरे शीला, तुम इन्हें पहचानती नहीं हो क्या...ये हमारे शहर के जाने-माने सोशल वर्कर प्रोफेसर इरफ़ान साहब हैं!)

माँ -अरे हाँ, आपका नाम तो बहुत सुना है, चलिए आज दर्शन भी हो गए।...मैं चाय बनाकर लाती हूँ तब तक आप लोग बैठिये! (जाने का उपक्रम करती है।)

प्रो. इरफ़ान - अरे चाय-वाय रहने दीजिए भाभी जी...माहौल ख़राब है, मैं अभी निकलता हूँ...आपकी चाय पीने फिर कभी आऊँगा...

(जाने का उपक्रम करता है लेकिन गूड्डू हाथ पकड़कर रोक लेता है।)

गुड्डू -प्लीज़, प्लीज़...बैठिए न अंकल...मुझे आप दंगों के बारे में कुछं और बताइये न!

पिता - हाँ, हाँ प्लीज़, बैठिए न सर!

(माँ का अन्दर रसोइघर में प्रस्थान, तीनों ड्राईगरूम में बैठ जाते हैं।)

प्रो. इरफ़ान - अच्छा गुड्डू बेटे, पूछो क्या पूछना चाहते हो!?

गुड्डू - अंकल, मेरे दिमाग में ये प्रश्न कुलबुला रहा है कि आखिर इंसान आपस में लड़ता क्यों है...ये दंगा-फसाद क्यों होते हैं?

प्रो. इरफ़ान - गुड्डू बेटा, बहुत से कारण हैं जो दंगे-फसाद का काम करते हैं।, जैसे-स्वार्थ, पदलोलुपता, अहम भाव आदि। और भी न जाने ऐसे कितने कारण हैं जिनसे आदमी असामाजिक हो जाता है।

(तभी बच्चे की माँ मंच पर चाय और नमकीन, बिस्कुट लेकर आती है तथा टेबिल पर रख देती है।)

माँ - लीजिए भाई साहब, चाय लीजिए।

प्रो. इरफान- भाभी जी, आपने बिलावज़ह तकल्लुफ़ किया!

माँ - अरे भाई साहब, ये हमारा सौभाग्य है कि आप जैसी हस्ती का हमारे घर आना हुआ। चाय लीजिए प्लीज़, नहीं तो ठण्डी हो जाएगी। गुड्डू तुम्हारे लिए ये दूध है। (सभी चाय उठा लेते हैं, गुडडू गिलास उठाकर गट-गट पी जाता है।)

गूड्डू- (मुँह साफ़ करते हुए)...अंकल आपने दंगे के जो कारण बताये हैं, मेरी समझ में तो कुछ ख़ास नहीं आया।

पिता - गुड्डू बेटा, ज़िन्दगी में अनेक उलझनें हैं, और उन्हीं के कारण समाज में भी ढेरों उलझनें पैदा हो जाती हैं। अभी तुम छोटे हो, जब तुम थोड़ा और बड़े जाओगे तो तुम्हारी समझ में सब कुछ खुद ब खुद आ जाएगा।

गुड्डू - लेकिन पापा, मेरे विचार से तो ज़िन्दगी ईश्वर का वरदान है और इसे बहुत ही सहज और सुन्दर होना चाहिए।

(पिता और प्रो. इरफ़ान गुड्डू की बात से बहुत खुश होते हैं और शाबाशी देते हैं)

प्रो. इरफ़ान - वाह बेटे, क्या खूबसूरत विचार हैं। वर्ड्स वर्थ ने ठीक ही कहा है, 'चाइल्ड इज़ द फायर ऑफ मेन'!

गुड्डू - अंकल, एक बात और...क्या पुराने ज़माने में भी दंगे-फसाद होते थे?

प्रो. इरफ़ान- गुड्डू बेटा, होते तो थे, लेकिन हमारे महापुरुषों ने उन्हें ज्यादा उभरने नहीं दिया। ये महापुरुष लोगों को प्रेम और सद्‌भाव का संदेश देकर उन्हें आपस में जोड़े रहे!

पिता - बेटे, हमारे देश की संस्कृति सदा 'सादा जीवन उच्च विचार' वाली रही है। जबसे लोगों ने इस ओर ध्यान देना कम किया है और इन पर भौतिक सुख-सुविधाएँ जुटाने का नशा चढ़ा है, तभी से अनेक समस्याएँ पैदा होती चली गई हैं।

प्रो. इरफ़ान- हमारे देश के महापुरुषों का जीवन बहुत सादा रहा है और उन्होंने सदैव मानवता को ऊँचा दर्जा दिया है। इन महापुरुषों ने दुनिया को आपस में प्रेम करना सिखाया, इनकी शिक्षाएँ हमें हमेशा रास्ता दिखाती रही हैं और भविष्य में भी रास्ता दिखाती रहेंगी। इंसानियत के दुश्मन कभी भी इन महापुरुषों के संदेशों को मिटा नही सकते!

(पर्दा गिरता है)

मंच पर क्रमशः श्रीकृष्ण, महात्मा बुद्ध, महावीर स्वामी, ईसा मसीह, गुरु नानक आदि का प्रेम, सद्‌भाव का संदेश देने वाली काव्य पंक्तियों (दोहे) के साथ प्रवेश

श्रीकृष्ण-नेक कर्म हों आपके, फल भी होंगे नेक।
चलो कर्म की राह पर, लेकर सत्य-विवेक।।

महात्मा बुद्ध-भेदभाव सब भूलकर, रचें प्रेम के गीत।
दानवता पर रहो तभी, मानवता की जीत।।
ईसा मसीह- काहे की रस्साकशी, काहे की तकरार।
सब धर्मों का सार है, प्यार प्यार बस प्यार।।
गुरु नानक- सब हैं रचना एक की, सब में एक स्वरूप।
सबको भाती छाँव है, सभै तपाती धूप।।
महावीर स्वामी- प्रेम-अहिंसा का रखो, मन में सदा उजास।
मानवता का हर तरफ, फैले नया प्रकाश।।
मौलवी जी -मंदिर-मस्ज़िद के लिए, तू-तू मैं-मैं रोज़।
जिसे खोजता तू वहाँ, मन के भीतर खोज।।

मंच पर उपर्युक्त फ्रीज़ हो जाते हैं। तभी नेपथ्य से आवाज़ आती है-

'मैं ईश्वर हूँ, मैं गॉड हूँ, और मैं ही खुदा हूँ। मैंने इस जगत का निर्माण किया और इस जगत में सबसे अधिक बुद्धिमान प्राणी मनुष्य की रचना की; उसमें मनुष्यता का संचार करके उसे इस पृथ्वी पर भेजा ताकि ये मनुष्य सत्य, त्याग, परोपकार की राह पर चलकर प्रेम और सद्‌भाव से रहे; किन्तु वो मेरे ही नाम पर झगड़ने लगा...वह कभी भी मेरा मुरीद, मेरा चाहने वाला नहीं हो सकता जो घंटों पूजा-प्रार्थना करता है, पाँचों वक्त की नमाज़ अदा करता है, नियमित मंदिर-मस्ज़िद, चर्च-गुरुद्वारा जाता है लेकिन अवसर आने पर कोई भी बुरा आचरण करने से नहीं चूकता। मैं कभी भी ऐसे व्यक्ति को प्यार नहीं करूँगा जो निरीह प्राणियों को सताता है और धर्म के नाम पर आपस में लड़ता-झगड़ता है। मैं तो उसे प्रेम करूँगा जो भले ही मुझे याद न करे, लेकिन प्रेम-सद्‌भाव से रहे, सच्चाई के पथ पर चले और मानवता की सेवा करने वाला हो!'
तभी मंच पर आगे की ओर गुड्डू जलते हुए दीपक या मोमबत्ती के साथ आता है। उसके साथ ही विभिन्न धर्मों के अनुयायी भी मोमबत्ती या दीपक लेकर आते हैं। गुड्डू अपने दीपक से कुछ अन्य लोगों का दीपक जलाता है, सब आपस में एक दूसरे का दीपक जलाते हैं। नेपथ्य से ''तमसो मा ज्योतिर्गमय...का स्वर सुनाई देता है।

(पर्दा गिरता है)

समाप्त!

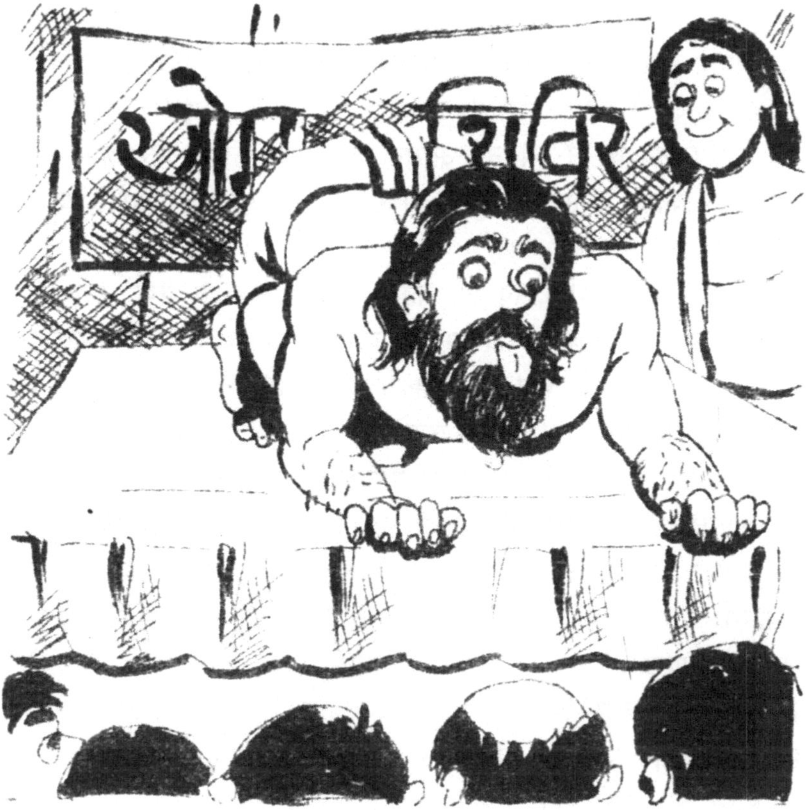

बाबा गिरगिटानंद का योग

पात्र–सूत्रधार

बाबा गिरगिटानंद

कुछ शिष्य (सहूलियत के अनुसार)

(मंच पर बीच में एक आदमकद मेज रखी है, जो 7–8 फुट लम्बी हो तो बेहतर; टेबल पर सफेद चादर बिछी हुई है...पीछे की ओर बड़ा–सा पोस्टर लगाया जा सकता है अथवा बाबा गिरगिटानंद का चित्र...)

सूत्रधारका प्रवेश

सूत्रधार - बाबा रामदेव ने योग के क्षेत्र में एक क्रांति पैदा कर दी है, आज घर-घर में योगासन पहुँच गए हैं। बाबा रामदेव की प्रसिद्धि का यह प्रभाव हुआ है कि आज तमाम योगाचार्य पैदा हो गए हैं और जनता को योग की शिक्षा दे रहे हैं। ऐसे ही हैं बाबा रामदेव जी महाराज; हमारे इन बाबा गिरगिटानंद जी ने नये-नये आसनों की खोज की है और अपने इन आसनों के कारण तेज़ी से पॉपुलर हो रहें है। तो आइये मिलते हैं बाबा गिरगिटानंद जी महाराज से।

(नेपथ्य से बाबा गिरगिटानंद जी का जयघोष, मंच के एक तरफ़ से बाबा गिरगिटानंद जी का प्रवेश साथ में कुछ शिष्यगण। बाबा गिरगिटानंद मंच के बीच में एक मेज पर चढ़कर बैठ जाते हैं। मेज पर बैठकर शिष्यों को भी बैठने का संकेत करते हैं।

बाबा - प्रिय शिष्यों! आज का जीवन भागमभाग, मारा-मारी से बुरी तरह 'इफैक्टिड' है, ऐसे में योग ही है जो हमारे जीवन को पॉवरफुल बना सकता है; तो आज हम आपको कुछ नये आसनों के बारे में सिखाएंगे। इन आसनों के लगातार अभ्यास से आपको अपने अन्दर गज़ब के बदलाव नज़र आएंगे। तो आइये सबसे पहले हम आपको सिखाते हैं-'कुत्तासन'...

पहले आप लोग पैरों को पीछे मोड़कर बैठिए (करके दिखाते हैं)

अब हाथों को आगे निकाल लीजिए।

अब...जीभ को जितना बाहर निकाल सकें, निकालकर एक मिनट तक जितना ज़ोर से हिला सकें, एक मिनट तक हिलाइए। (करके दिखाते हैं, शिष्य भी दोहराते हैं, तभी एक शिष्य प्रश्न करता है।)

शिष्य -बाबा जी, इस आसन के करने से क्या लाभ मिलते हैं?

बाबा- पहले आप लोग विश्राम की मुद्रा में आ जाएं।(थोड़ा रुककर) यह बहुत ही सरल और उपयोगी आसन है...जहाँ इस आसन से सूँघने की शक्ति में वृद्धि होती है वहीं दिल में वफ़ादारी का जज़्बा पैदा होता है। इस आसन से फेंफड़े मजबूत होने के कारण दुश्मनों पर भौंकने की ताकत में भी बढ़ोत्तरी होती है।

(शिष्य तालियाँ बजाते हैं बाबा रुकने का संकेत करते हुए...)

बाबा - चलिए, अब आपको हम दूसरे आसन के विषय में बताते हैं;

लेकिन मैं इस आसन का नाम बताऊँ उससे पहले आपको इसके गुणों से परिचित करा दूँ...अगर इस आसन को नियमित किया जाए तो इससे हाथों की मसल्स मजबूती होती हैं; हाथों के जोड़ सही काम करते हैं तथा चीजों को घूरने और लपकने की ताक़त बढ़ती है; तो ये है दूसरा आसन 'कव्वासन'।...सबसे पहले सारे लोग खड़े हो जाएं (स्वयं भी खड़े हो जाते हैं) अब बाँया यानी लेफ्ट पाँव ऊपर उठा लें...दोनों हाथों को फैला लें...दायीं तरफ थोड़ा-सा झुकाव लेते हुए गर्दन आगे निकाल लें. ..और अब दोनों हाथों को कव्वे के पंखों की तरह ऐसे(करके दिखाते है) ऊपर-नीचे हिलाएं।...अब यही प्रक्रिया दायें पैर को उठाकर अपोजिट डायरेक्शन में करें। (कुछ दरे पश्चात)

ठीक है अब बैठ जाइए!

(शिष्य बैठने के बाद पुन: तालियाँ बजाते हैं)

और तीसरा आसन है 'गधासन'। इन आसन के करने से मनुष्य की सहनशक्ति बढ़ती है। कितना भी बोझ मनुष्य के ऊपर डाल दिया जाए किन्तु उसके मुँह से चूँ तक नहीं निकलती। इसी के साथ यह आसन टाँगों को शक्तिवान बनाता है। तो चलिए 'गधासन' का अभ्यास करते हैं।

सर्वप्रथम धीरे-धीरे दोनों टाँगों और हाथों पर खड़े होकर गधे की मुद्रा बना लीजिए। (शिष्यों को देखते हुए) हाँ, गुड...धीरे-धीरे...आराम से.. अब बाँये पैर को उठाकर तीन बार हवा में झटका दीजिए...देखिए इस प्रकार(करके दिखाते हैं) हो गया...गुड...अब इसी प्रकार दांये पैर को उठाकर तीन बार हवा में झटकिए...। गुड! अब पुन: धीर-धीरे आराम की मुद्रा में आ जाइये। यह आसन लोगों को बहुत तेजी से लाभ पहुँचा रहा है। यहाँ कोई है जिन्हें इस आसन से लाभ पहुँचा है। (दो-तीन शिष्य हाथ उठा देते हैं; एक शिष्य की ओर उठने का संकेत करते हैं)

बाबा -ठीक है...आप बताइये।

शिष्य -प्रणाम बाबाजी...दरअसल मैं यह आसन यहाँ आप के शिविर में सीखकर जाता हूँ और घर जाकर अपने बेटे को सिखाता हूँ...जबसे मैंने उसे यह अभ्यास कराना शुरु किया है वह अपना पचास किलो का स्कूल बैग आराम से हँसते-हँसेते कंधे पर लादकर स्कूल चला जाता है।

बाबा - बहत अच्छे, वैरी गुड...कराते रहिए, आगे उसे और भी बड़े-बड़े बोझ उठाने है। चलिए, अब आपको चौथा आसन कराते हैं; वह है 'नेतासन'। ...सारे लोग सावधान की मुद्रा में खड़े हो जाएँ...अरे हाँ, एक बात और आपको बता दूँ...इस आसन को सिर पर 'गांधी टोपी' रखकर करने से इसका विशेष लाभ मिलता है...तो जो लोग गांधी टोपी लाये हैं वे उसे सिर पर रख लें...(स्वयं भी रखते हैं) ठीक, गुड, अब हाथों को हवा में धीरे-धीरे घुमाते हुए आग लाकर नमस्कार की मुद्रा में जोड़ लें...दाँया राइट पैर थोड़ा-सा आगे निकालें...हल्का सा झुकते हुए दाँत दिखाते हुए मुस्कराएँ।...इस आसन का पूरा लाभ लेने के लिए इसे एक से डेढ़ मिनट तक दिन मे कई बार दोहराना चाहिए।

शिष्य - बाबाजी, इस आसन के लाभ आपने नहीं बताए।

बाबा - पहले आप बैठ जाइए...ठीक...तो इस आसन के ये लाभ हैं कि इसके नियमित अभ्यास से मनुष्य आश्वासन देने व हँस-हँसकर उल्टे-सीधे काम करने में निपुण हो जाता है। अगर इस आसन को लगातार किया जाए तो मनुष्य की पर्सनैल्टी तेज़ी से डेवलेप होती है जिससे गुण्डे-अपराधी-पुलिस प्रशासन सभी से घनिष्ठता हो जाती है और मनुष्य दिनों-दिन समृद्ध होता जाता है। इस प्रकार का प्राणी अन्ततः इंसान को इंसान नहीं समझता, बल्कि इंसान उसे वोट के रूप में दिखाई देता है।

एक शिष्य -बोलो बाबा गिरगिटानंद महाराज की.....

सभी -(एक साथ) जय...

बाबा - आइये, अब अन्त में हम आपको 'लाफ्टरासन' कराते हैं। इसके करने से फेंफड़े मजबूत होते हैं, भूख बढ़ जाती है; चेहरा गुलाबी हो जाता है; यह ऐसा आसन है जिससे पूरे शरीर की कसरत हो जाती है; खासतौर पर यह आसन पेट के लिए बहुत लाभकारी है।...तो दोनों हाथ ऊपर उठा लीजिए...

(सभी हाथ ऊपर उठा लेते हैं)

बाबा - अब ज़ोर-ज़ोर से हँसिए!

तभी धीरे-धीरे बाबा के चेहरे के भाव बदलने लगते हैं वे दर्द से तड़पने लगते हैं। तड़पते-तड़पते मेज़ पर लेट जाते हैं ओर हाथ-पैर फैंकते हुए कराहने लगते हैं। चेले उन्हें चारों ओर से घेर लेते हैं।

एक शिष्य - अरे...अरे क्या हो गया बाबा को?

दूसरा शिष्य -ऐसा लगता है बाबा के पेट में ज़ोर से दर्द हो रहा है. ..अरे...अरे बाबा बेहोश हो गए।

(सभी चेले बाबा को ऊपर उठाकर मंच से बाहर हो जाते हैं।)

पर्दा गिरता है।

तमाशा

पात्र: मदारी, जमूरा और दर्शक।

दो कलाकार मंच पर प्रवेश करते हैं। एक डुगडुगी और बाँसुरी बजा रहा है; जो कि मदारी की वेशभूषा में है। दूसरा जमूरा है। जमूरे के कंधे पर एक झोली लटकी हुई है, जिसे वह मंच के बीच में लाकर रखता है और उसके एक ओर बैठ जाता है। मदारी डुगडुगी व बाँसुरी बजाते हुए मंच पर दो-तीन चक्कर लगाता है तभी कुछ कलाकार (पुसिलवाला, नेता, छात्र, शिक्षक आदि) इधर-उधर से आकर मंच पर इस प्रकार खड़े हो जाते हैं जैसे दर्शक तमाशा देखने के लिए जुटे हों।

मदारी –जमूरे!
जमूरा – जी उस्ताद!
मदारी – सब लोग आ गए?
जमूरा – आ गए उस्ताद!
मदारी – तो भाई लोग, हिन्दू को राम-राम, मुसलमान को सलाम, सिख को सतश्रीअकाल, ईसाई को वैलकम...जमूरे!
जमूरा – जी उस्ताद!
मदारी – सब लोगों को खेल दिखाएगा?
जमूरा – दिखाएगा!
मदारी – जो पूछेगा, बताएगा?
जमूरा – बताएगा उस्ताद!
मदारी – (दर्शकों से) हाँ तो भाई लोग, अपना जमूरा खेल दिखाने के लिए तैयार है; आप एक बार जोरदार तालियाँ बजाएं! (दर्शक तालियाँ बजाते हैं) ...जमूरे!
जमूरा – जी उस्तादा!
मदारी – अच्छा चल, साब लोगों को दिखा कि बन्दर किस तरह घुड़की लगाता है?
(जमूरा घों-घों करके घुड़की लगाता है)
मदारी –अबे घुड़की नहीं लुढ़की...कलाबाजी!
जमूरा – अच्छा उस्ताद!

(जमूरा मंच पर इधर-उधर लुढ़क के दिखाता है)

मदारी – तो साहिबान, अब अपना जमूरा बड़ा ही जोरदार कमाल आपको दिखाएगा। आँखों पर पट्टी बाँधकर अन्दर का हाल आपको बताएगा। तो बच्चा लोग जोरदार तालियाँ बजाएगा!... (तालियाँ)

(मदारी, जमूर की आँखों पर पट्टी बाँध देता है ओर फिर डुगडुगी बजाते हुए मंच पर दो चक्कर लगाता है।)

मदारी–तो साब लोग, पापी पेट का सवाल है। अपना जमूरा अब बहुत ही ख़तरनाक खेल आपको दिखाने जा रहा है; जिन लोगों ने अपनी-अपनी मुट्ठियाँ बंद कर रखी हैं वो मेरे इस बच्चे के लिए अपनी-अपनी

मुट्ठियाँ खोल दें।
हाँ तो जमूरे!

जमूरा-जी उस्तादा!

मदारी - खेल दिखाएगा?

जमूरा - दिखाएगा!

मदारी - जो पूछूँगा, बताएगा?

जमूरा- बताएगा!

मदारी- तो अपने मन की आँखें खोल, ज़रा तोल-मोल के बोल और बता...ये कौन? (मंच पर खड़ी महिला कलाकार की ओर संकेत करता है)

जमूरा -ये एक कन्या है उस्ताद।

मदारी - इसकी पहचान बताएगा?

जमूरा - जी उस्ताद! इसने अपनी आँखों पर चश्मा लगा रखा है।

मदारी -अच्छा जमूरे, इधर आ!

जमूरा -आ गया उस्तादा!

मदारी - (एक दर्शक जो कि कलाकार है के हाथ से पुस्तक लेकर) ये क्या है जमूरे?

जमूरा-ये किताब है उस्ताद! ये दुनिया में ज्ञान का उजाला फैलाती है, हमको सही-ग़लत का फर्क़ बताती है।

मदारी-(दर्शकों से) तालियाँ...अच्छा...जमूरे!

जमूरा -जी उस्ताद!

मदारी - जो पूछूँगा, बताएगा?

जमूरा - बताएगा!

मदारी - इधर आ!

जमुरा -आ गया उस्ताद!

मदारी -(कार्यक्रम स्थल पर कुर्सी की ओर इशारा करके) अच्छा ये बता, ये क्या है?

जमुरा - ये कुर्सी है उस्ताद! ये अच्छे-अच्छों का ईमान बदल देती है। इसमें नेताओं की जान फँसी रहती है।

मदारी-अच्छा जमूरे! इधर आ!

जमुरा -आ गया उस्ताद!

मदारी-(वहाँ खड़े कलाकारों में से एक) इन साब की जेब में घुस के बता, क्या रखा है?

जमुरा - ऐश्वर्या राय का फोटो है उस्ताद!

(मदारी किसी एक कलाकार की जेब में से पहले ये तय ऐश्वर्या राय का फोटो निकालकर दिखाता है। सब हँसते हुए तालियाँ बजाते हैं।)

मदारी-(मंच पर रखे माइक की ओर इशारा करके) अच्छा चल, ये बता, ये क्या है?

जमुरा -ये माइक है उस्ताद, ये सबकी आवाज़ बढ़ा देता है इससे अगर नेता चिपक जाए तो छूटने का नाम नहीं लेता है।

मदारी -जमूरे!

जमूरे- जी उस्ताद!

मदारी - (मंच पर खड़े एक कलाकार की ओर इशारा करके) अच्छा चल, ये बता, ये साब कौन हैं?

जमूरा- ये पुलिस वाला साब है उस्ताद!

मदारी - इसके अन्दर का हाल बाताएगा?

जमूरा - बताएगा उस्ताद! इन साब का पेट में रिश्वत का ज़खीरा है। ये निर्दोष लोगों की हड्डियाँ तोड़ देता है। दो-चार सौ लेकर बड़े-बड़े अपराधी को छोड़ देता है।

मदारी- जमूरे!

जमूरा-जी उस्ताद!

मदारी-(मंच पर खड़े एक और कलाकार की ओर इशारा करके) अच्छा ये बता, ये साब कौन हैं?

जमूरा-ये डॉक्टर सॉब है उस्ताद! इनके चार नर्सिंग होम हैं। ये रोगी से ज्यादा, रोगी की जेब पर ध्यान देते हैं। कभी-कभी ऑपरेशन करते समय कैंची रोगी के पेट में छोड़ देते हैं।

(दर्शक हँसते हुए तालियाँ बजाते हैं)

मदारी- जमूरे!

जमूरा-जी उस्ताद!

मदारी- (मंच के एक और कलाकार की ओर इशारा करके) अच्छा ये बता, ये साब कौन हैं?

जमूरा-ये स्टूडेंट हैं उस्ताद! ये पढ़ने से ज्यादा टी.वी. में समय बिताता है, पढ़ने के लिए कहो तो गुर्राता है, इसके ऊपर इसके माँ-बाप के सपने टिके हैं। ये देश का भावी उजाला है। आने वाले कल का रखवाला है।

मदारी- जमूरे!

जमूरा-जी उस्ताद!

मदारी - इधर आएगा।

जमूरा - आएगा उस्ताद!

मदारी - (मंच के एक और कलाकार की ओर इशारा करके) इन साब के बारे में बताएगा?

जमूरा- बताएगा उस्ताद! इसके तन पर साफ-सुथरी खादी है। ये नेता गाँधीवादी है। ये मंदिर-मस्जिद के नाम पर सबको लड़वाता है। घोटाला ही पीता है, घोटाला ही खाता है। पता नहीं जनता इसे कैसे चुन लेती है! उस्ताद इसे लोगों की लाशों में भी कुर्सी दिखाई देती है।

मदारी- छी...छी...छी...अच्छा जमूरे!

जमूरा - जी उस्ताद!

मदारी- इस बार और अपना जादू दिखाएगा?

जमूरा- दिखाएगा।

मदारी -जो पूछूँगा, बताएगा?

जमूरा - बताएगा।

मदारी - तो चल अपने दिल को टटोल, मन की आँखे खोल, और बता ये साब कौन हैं?

जमूरा-ये शिक्षक हैं, टीचर हैं उस्ताद! ये बच्चों में ज्ञान बाँटते हैं। ग़लती करने पर बड़े-बड़ों को डाँटते हैं। ये स्कूल में देश का भावी नागरिक बनाते हैं। ये विद्यार्थियों को सच्चाई की राह दिखाते हैं। इन्होंने संसार में उजाला फैलाने का बीड़ा उठाया है। ये वो महान हस्ती हैं जिनके आगे बड़े-बड़े महापुरुषों ने सिर झुकाया है।

मदारी - हाँ तो साहिबान, मेहरबान, कदरदान! अपना जमूरा झूठ नहीं बोलता है। केवल सच्चाई के लिए ही मुँह खोलता है। आपने देखा अध्यापक के ऊपर कितनी जिम्मेदारी होती है। अध्यापक वह माली है जिसके आगे तरह-तरह के फूलों की फुलवारी होती है। अध्यापक इन्हें तराशता, सुन्दर आकार देता है। कभी डाँटता है, तो कभी प्यार देता है। तो भाई लोग, अध्यापक की डाँट में भी छात्रों की भलाई छिपी होती है और छुपी होती हैं ढेर-सी शुभकामनाएँ! तो बच्चा लोग टीचर के लिए एक बार ज़ोरदार तालियाँ बताएँ!

मदारी -तो साहिबान, अपना तमाशा यहीं खत्म होता है। वैसे ये दुनिया ही एक तमाशा है, कभी पानी है, कभी बताशा है। सब यहाँ खेल खेलते हैं, रोते हैं, गाते हैं, मुस्कुराते हैं ओर अपना तमाशा दिखाकर चले जाते हैं। तो साब लोग, अब अपुन भी सामान समेटता

है! हिन्दू को राम-राम, मुसलमान को सलाम, सिक्ख को सतश्रीअकाल, ईसाई को गुडबाय! जय हिन्द!

(मदारी बांसुरी और डमरू बजाता हुआ मंच के एक ओर निकल जाता है। पीछे-पीछे जमूरा भी झोली लेकर निकलता है। दर्शक तालियाँ बजाते हैं।)

(पर्दा गिरता है)

दो वर बनाम गैस का सिलेण्डर

पात्र - पं. झनकार नाथ शास्त्री   उम्र: 55 वर्ष
पंडित जी की पत्नी   उम्र : 50 वर्ष
भगवान कृष्ण

(एक साधारण मकान के कमरे का दृश्य। एक तरफ भगवान कृष्ण के वेश मे एक कलाकार मूर्तिवत खड़ा है। पं० झनकार नाथ शास्त्री बेचैनी से कमरे में इधर-उधर टहल रहे हैं।)

पं० झनकार नाथ -हुम्म...पता नहीं क्या हो गया है लोगों को... ईश्वर में तनिक भी आस्था नहीं रहीं...भजन, पूजन, कीर्तन सब

धीरे-धीरे खत्म होते जा रहे हैं...अब तो लगता है मुझे भी किसी मिल में नौकरी तलाशनी होगी...एक सप्ताह हो गया किसी ने भी कथा बाँचने के लिए याद नहीं किया...आमदनी का एकमात्र यही तो साधन है...यदि कुछ दिन और यूँ ही बैठा रहा तो भूखों मरने की नौबत आ जाएगी।

(तभी दूसरे कमरे से पंडित जी की पत्नी की आवाज़ सुनाई देती है।)

पत्नी : अजी सुनते हो...अरे तनिक जाकर पता तो लगाओ कि गोदाम पर गैस आयी कि नहीं, गोदाम पर गैस आते ही खत्म हो जाती है। महीना खत्म होने को आया, पच्चीस तारीख हो गई आज, मुझसे नहीं फूँका जाता चूल्हा......धुंएं के मारे हालत खराब हो गई है मेरी...आप भी पता नहीं कहाँ से गीली लकड़ियाँ उठा लाए हो...।

पं॰ झनकार नाथ : अरे कल ही शाम को तो पता किया था, तीस तारीख को मिलेंगे सिलेंडर, अभी कोटा नहीं आया।

पत्नीः (खाँसते हुए कमरे में प्रवेश करते हुए) अजी भाड़ में जाए तुम्हारा बूँदी और कोटा, कहीं से भी इंतजाम करो, नहीं खाँसी और सिर दर्द से मेरा तो राम नाम सत्य हो लेगा।

पं॰ झनकार नाथ : शुभ-शुभ बोलो पंडिताइन, काहे को ऐसे शब्द मुँह से निकालती हो।

पत्नीः आपको रोटी थोपनी पड़े तब मालूम हो गीली लकड़ियों से चूल्हे पर रोटी बनाना समुद्र मंथन करके रत्न निकालने से कम नहीं है।

पं॰ झनकार नाथः हाँ, हाँ मानता हूँ, लेकिन तू ही बता अब मैं क्या करूं...भई इंतजार तो करना ही पड़ेगा।

पत्नीः ऊँह......इंतज़ार, इंतज़ार......करते रहो इंतज़ार, उधर गैस सिलेंडर का, इधर मेरी आखिरी साँसों का।

(पैर पटकते हुए चली जाती है।)

पं॰ झनकार नाथः (श्री कृष्ण की मूर्ति की ओर मुखातिब होते हुए) हे प्रभु! मुझ निर्धन की परीक्षा ले रहे हो...अनाथों के नाथ, कुछ तो रहम खाओ, नहीं तो ये गृहस्थी का महासागर मुझे निगल जाएगा। क्या कोई

कमी रह गई मेरी पूजा-अर्चना में...नित्य सुबह पाँच बजे से सात बजे तक दो घण्टे आपके दरबार में माथा टेका है...मैंने कभी आपसे कुछ नहीं माँगा, इस बार गैस सिलेंडर दिया दो नाथ!

(हाथ जोड़कर नतमस्तक हो जाते हैं, मूर्ति में धीरे-धीरे चेतना आती है)

श्री कृष्ण : वत्स!

पंडित झनकार नाथ चेहरा ऊपर उठाते हैं और हड़बड़ाकर इधर-उधर देखने लगते हैं)

पं० झनकार नाथ : क...क...कौन?

श्री कृष्ण : ये हम बोल रहे हैं वत्स!

पं० झनकार नाथ : प्रभु आप...धन्य हुआ मैं...साक्षात् कन्हैया के दर्शन (पैरों मे गिर पड़ते हैं)

श्री कृष्ण : गैस सिलेंडर जैसी तुच्छ वस्तु के लिए हमें कष्ट देना तुम्हें शोभा नहीं देता प्रिय!

पं॰ झनकार नाथ : प्रभु आप सर्वव्यापी हैं...आपके लिए कुछ भी असंभव नहीं...लेकिन बुरा न मानना प्रभु जिसे आप तुच्छ वस्तु कह रहे हैं उसका महत्व शायद आपको ज्ञात नहीं है,....गैस के इस तुच्छ सिलेण्डर की कीमत हमारी दृष्टि में अमृत जैसे द्रव्य से भी बढ़कर है।

श्री कृष्ण : हम तुम्हारी समस्याओं से अनभिज्ञ नहीं भदन्त!

पं. झनकार नाथ : फिर भी इतनी उपेक्षा...इतना कष्ट क्यों कन्हाई! कंस के अनुयायी अपने बंगलों में रंगरेलियाँ मनायें और आपका दास मात्र एक गैस सिलेण्डर के लिए अपना रक्त होम करता रहे!

श्रीकृष्ण : अग्नि में तपकर ही स्वर्ण चमकता है प्रिय!

पं॰ झनकार नाथ : किन्तु कब तक प्रभु...हाँ, कब तक तपना होगा स्वर्ण को अग्नि में ...आखिर कोई सीमा तो होगी?

श्री कृष्ण : अपने धैर्य को यूँ लांछित न करो आर्य! मनुष्य यौनि में ये सब तो सहन करना ही होता है! और वैसे भी तुम तो असंख्य मनुष्यों से उत्तम जीवन यापन कर रहे हो!

पं॰ झनकार नाथ : मुझे शब्दों के जाल में न डालो मुरलीधर! इतने निष्ठुर न बनो! दया करो नाथ! (चरणों में गिर पड़ते हैं।)

श्री कृष्ण : उठो, उठो, आर्य! तुमने हमारी सेवा की है, हम तुम्हारी निश्छल सेवा से अभिभूत हैं! अच्छा चलो, उठो, कोई दो वर माँग लो, हम तुम्हें दो वर माँगने के लिए आमंत्रित देते हैं।

(तभी नेपथ्य से हल्का-सा शोर सुनाई देता है, दोनों अपना ध्यान उस तरफ केन्द्रित कर लेते हैं। नेपथ्य से ही किसी युवक की आवाज़ सुनाई देती है।)

युवकः अरे पंडित जी घर पर हैं क्या? गोदाम पर गैस के सिलेण्डर आ गये हैं, जल्दी जाकर ले लें, नहीं फिर भीड़ बढ़ जाएगी।

(पंडित जी का चेहरा यह सुनकर खिल उठता है, वह कमरे में गैस सिलेण्डर की किताब तलाशने का उपक्रम करते हैं और फिर उसे उठाकर श्रीकृष्ण की और मुखातिब होते हैं।)

पं॰ झनकार नाथः प्रभु, अन्यथा न लेना! मेरे दो वर आप पर उधार रहे, आप तब तक आराम करें...मैं अभी पाँच मिनट में आपकी सेवा में उपस्थित होता हूँ। अजी सुनती हो...

(तेजी से प्रस्थान)

(मंच पर श्रीकृष्ण अवाक से खड़े देखते रह जाते हैं...फ्रीज...)

पर्दा गिरता है

बूढी हँसी

पात्र-चौपड़ा जी, तिवारी थी, हरदयाल सिंह जी, खाँ साहब, शर्मा जी, सभी की उम्र लगभग 60-62 , तथा सूत्रधार।

स्थान-किसी भी पार्क का दृश्य।

समय -सुबह लगभग छह बजे।

(चार बूढ़े व्यक्ति क्रमशः मंच पर आने के बाद एक जगह इकट्ठे होकर हाथ उठाते हैं, तरह-तरह से मुँह बनाते हैं, जीभ निकालते हैं और ज़ोर-ज़ोर से हँसने लगते हैं।)

(सूत्रधार का प्रवेश-)

सूत्रधार-ये है हमारे मुहल्ले का लाफ़्टर क्लब। आप ये जो ओल्डमेन देख रहे हैं न, ये सभी सुबह छह बजे तक यहाँ पार्क में इकट्ठे हो जाते हैं और हास्य-व्यायाम करते हैं लेकिन इनके जीवन में कितनी हंसी बची है आइये देखते हैं। (चारों बूढ़े व्यक्ति एक बार फिर एक साथ जीभ निकालते हैं और ज़ोर-ज़ोर से हँसने लगते हैं उसके बाद एक तरफ बैंच पर बैठ जाते हैं)

चौपड़ा जी - आज, शर्मा जी अभी तक नहीं आये।

तिवारी जी - हाँ पता नहीं क्या हुआ, कुछ तबियत खराब बता रहे थे।

चौपड़ा जी - अरे, अरे खाँ साहब, इधर आ जाइये।

(अपनी तरफ बुलाकर थोड़ा खिसकते हुए खाँ साहब को बैठा लेते हैं।)

खाँ साहब- या खुदा, ये बुढ़ापा भी बबाले-जाने है। शरीर का रेशा-रेशा दुखने लगता है।

तिवारी जी- बिल्कुल ठीक कह रहे हो खाँ साब। और अगर ऐसे में औलाद भी पास न हो तो फिर तो पूछो मत!

चौपड़ा जी- सच तिवारी जी, एक गिलास पानी भी लेना हो तो खुद उठो, नौकरों का मुँह कब तक ताकते रहें!

तिवारी जी- और फिर अच्छे नौकर मिलते कहाँ हैं..... नयों का कुछ भरोसा नहीं... आज का पेपर देखा.... त्रीनगर में एक नौकर बेचारे बूढ़े-बुढ़िया को मारकर दस तोला सोना और नकदी बटोर ले गया।

हर दयाल सिंह- अरे हाँ, मैंने भी पढ़ा है अखबार में...किसी प्लेसमेंट के थ्रू पिछले महीने ही रखा था ये नौकर...

खाँ साहब- आखिर हम लोग जाएँ भी तो जाएँ कहाँ, कोई पूछने वाला नहीं...मेरे तो दो-दो औलादें है...दोनों बीबी-बच्चों सहित साथ ही रहते हैं...लेकिन किसी को मेरे और अपनी माँ के सुख-दुख से कोई वास्ता नहीं...सब अपने मज़े में मस्त हैं...पोते भी उन्हीं के ढर्रे पर चल रहे हैं...क्या मजाल कि ज़रा सा काम लो...कुछ सीख दो तो खीसें निपोरने लगते हैं...कहते हैं कि दादू आप भी किस पुराने ज़माने की बात करते हो...अब सब बदल गया है।

तिवारी जी - हाँ, खाँ साहब, सब बदल ही तो गया है...नई पीढ़ी में बुजुर्गों के प्रति कोई मान-सम्मान का भाव नहीं रह गया है...फुर्सत ही नहीं बुजुर्गों के लिए...

हरदयाल सिंह–हमारे ज़माने मे तो बुजुर्गों की बात पत्थर की लकीर होती थी...क्या मजाल कि उनके आगे घर में कोई चूँ भी कर जाए...

चौपड़ा जी–समय के साथ बदलाव ज़रूरी है...लेकिन पारम्परिक मूल्य, मान–मर्यादा और कल्चर की कीमत पर नहीं।

तिवारी जी–सच कहते हैं आप चौपड़ा साब...लेकिन एक बात ये भी है कि अगर नई पीढ़ी से हम अपने प्रति लगाव और मान–सम्मान की अपेक्षा करते हैं तो कहीं न कहीं हमें भी सॉफ्ट बनना पड़ेगा।

चौपड़ा जी–लेकिन तिवारी जी, ये तो तब हो जब बच्चे पास हों, यहाँ तो सब अपनी–अपनी गृहस्थियाँ अलग–अलग बसा के बैठे हैं।

(तभी शर्मा जी का मंच पर प्रवेश, वे बड़े उदास दिखाई दे रहे हैं।)

खाँ साहब–लीजिए, शर्मा जी भी आ गए।

हरदयाल सिंह–आइये, आइये शर्मा जी, आज बड़ी देर कर दी...हम तो एक बार हास्य–व्यायाम कर भी चुके हैं।

(शर्मा जी एक तरफ उदास-से बैठ जाते हैं।)

तिवारी जी -अरे शर्मा जी, क्या हुआ, कुछ उदास दिखाई दे रहे हैं।

(शर्मा जी की आँखों मे आँसू आ जाते हैं, वे धीरे-धीरे सुबकने लगते हैं। सभी लोग उन्हें घेर लेते हैं।)

खाँ साहब- अरे अरे शर्मा साहब, ऐसे न रोइये, आखिर बताइये तो सही कि क्या हुआ?

शर्मा जी -(सुबकते हुए) कुछ नहीं...बस यूँ ही...

हरदयाल सिंह जी-अरे नहीं शर्मा जी, बताइये तो बात क्या है, मन का बोझ हल्का हो जाएगा...शायद हम भी कुछ मदद कर सकें।

शर्मा जी-(सुबकते हुए) कोई कुछ नहीं कर सकता सिंह साहब..कल शाम छोटा बेटा मनोज भी अपनी बीवी और अपने बेटे पिंटू को लेकर मद्रास चला गया...इतना बड़ा घर काटने को दौड़ता...रात भो सो नहीं पाया...पिंटु के बग़ैर नहीं रहा जाता (जोर-जोर से सुबकने लगते हैं।)

चौपड़ा जी -अपने आप को संभालिये शर्मा जी, शायद हम सबकी यही नियति है...जीवन के इस अंतिम पड़ाव में हम सब अकेले होते जा रहे है...

खाँ साहब - मेरी तो ये समझ में नहीं आता कि क्या हम अपनी औलादों को इसलिए तालीम दिलाते हैं कि वे बुढ़ापे में हमको यूँ बेसहारा छोड़कर चलती बनें।

चौपड़ा जी -समय बदल रहा है खाँ साहब, मान्याताएँ बदल रही हैं. ..चीजें बदल रही हैं...हमें बच्चों का भविष्य बनाने के लिए उन्हें बाहर तो भेजना ही पड़ेगा...

तिवारी जी- (ठंडा साँस लेते हुए) सच कहते हो चौपड़ा जी...पर बच्चों का भविष्य बने या न बने यों अपना बुढ़ापा ज़रूर बिगड़ जाना है।

हरदयाल सिंह जी-तब इसका समाधान क्या है?

तिवारी जी-समाधान! ...(कुछ सोचने लगते हैं, फिर खड़े होकर)

चलिए, आइये! सब खड़े हो जाइये...

(सब धीरे-धीरे एक झुण्ड की तरह खड़े हो जाते हैं, तब तिवारी जी जीभ निकाल कर पूर्व की तरह हँसना शुरु करते हैं। सब एक पल तो हैरत से देखते हैं, फिर धीरे-धीरे दहाड़ें मार-मारकर हँसना शुरु कर देते हैं।)

(पर्दा गिरता है)

पढ़ना है

पात्र-सात कलाकार (किसी भी उम्र के हो सकते हैं।)

(मंच पर एक कलाकार इधर-उधर टहलते हुए तन्मय होकर बहुत ही बेसुरा गा रहा है।)

कलाकार 1-

हम होंगे कामयाब
हम होंगे कामयाब
हम होंगे कामयाब एक दिन
पूरा है विश्वास
पूरा है....

(तभी कलाकार-2 का मंच पर प्रवेश)

कलाकार 2–ए. ए....क्यों रेड़ मार रहा है यार इतने बढ़िया गाने की. ..चल चुपकर!

कलाकार 1–(थोड़ा गुस्से में) क्यों भई क्यों...कैसे रेड़ मार रहा हूँ... और फिर कैसा भी गाऊँ...तुमसे मतलब!?

कलाकार 2–(व्यंग्य से) भई वाह! मतलब क्यों नहीं है...अरे इतना बेसुरा गाओगे तो पब्लिक भाग नहीं जाएगी

कलाकार 1–अच्छा! मेरे गाने से पब्लिक भाग जाएगी...और तुम तो जैसे तानसेन हो!

कलाकार 2–अरे यार....ऊँह...तुम तो हमेशा लड़ने के मूड में रहते हो! (तभी तीसरे कलाकार का मंच पर प्रवेश)

कलाकार 3–अरे छोड़ो यार...काहे को लड़ रहे हो...तुम भी ऐंवेई हो. ...अरे ऐसे ही लड़ते रहे तो सारी पब्लिक भाग जाएगी. ..अरे कुछ ऐसा करो कि देखने वाले एकदम बँध जाएँ।

कलाकार 1–अच्छा....वो कैसे?

कलाकार 3–(कुछ सोचते हुए) कुछ ऐसा हो...जैसे कुछ लोगों को गाना पसन्द है, तो गाना भी हो, कुछ को संगीत पसंद है तो संगीत भी हो, कुछ कहानी हो, कुछ डायलॉग हों..वगैरह....वगैरह....

कलाकार 1–(ब्रूसली की तरह हाथ-पैर फैंकते हुए) और किसी को एक्शन पसंद है, तो एक्शन भी हो।

कलाकार 2–यानी कुल मिलाके हास्य हो, व्यंग्य हो, करुणा हो और कुछ संदेश भी हो।

कलाकार 1–लेकिन ऐसा क्या हो सकता है?....

कलाकार 2–(सोचते हुए) हाँ...हाँ...ऐसा क्या हो सकता है? (तभी अभिनेता-4 मंच की ओर आते हुए, इसे दर्शकों की भीड़ से भी आता हुआ दिखाया जा सकता है)

अभिनेता 4–मैं बताऊँ?

अभिनेता 3– हाँ...हाँ क्यों नहीं...बताओ...बताओ?

अभिनेता 4–(मंच पर पहुँचकर) मेरे ख़याल से ऐसा तो नाटक हो सकता है, क्यों न हम लोग नाटक करें!

अभिनेता 2–हाँ...हाँ, ठीक है...नाटक ही ठीक रहेगा!

अभिनेता 1, 3–हाँ...हाँ, एकदम फिट।

(दर्शकों में से उठकर एक कलाकार)

अभिनेता 5–भाई लोगो, नाटक तो मैं भी करूँगा।

अभिनेता 1–(व्यंग्य से) ओ हो, ये करेंगे नाटक...पता भी है नाटक क्या होता है?, एक्टिंग कैसे की जाती है?

अभिनेता 5–(थोड़ा आगे बढ़कर मंच के नज़दीक आते हुए) हाँ पता है...मैंने गाँव की रामलीला में कई बार सीताजी का रौल किया है।

अभिनेता 2–(हँसी उड़ाते हुए) अय हय..सीताजी का रौल...(अभिनेता-5 झिझकते हुए वापस लौटने को होता है।)

अभिनेता 3–(डाँटते हुए) अरे क्यों हँस रहे हो...अरे..रे आइये भाई साहब, आइये...अरे हमीं कौन से कहीं के तीसमारखाँ कलाकार हैं।

अभिनेता 2–(गिनती करते हुए) लेकिन यार, अभी तो कुल मिला के पाँच लोग हुए है, अभी कुछ और बढ़ने चाहिए!

अभिनेता 1–(एक दर्शक कलाकार की ओर संबोधित करते हुए) क्यों भाई साहब, आप करेंगे ड्रामा?

अभिनेता 6–(खड़ा होते हुए) भाई साहब, कर तो सकता हूँ लेकिन न तो गाना आता है और नाटक के डायलॉग भी मुझसे याद नहीं होंगे।

अभिनेता 3–अरे भाई, हमारा नाटक ही ऐसा होगा कि उसमें न तुम्हें गाना याद करने की ज़रूरत है और न संवाद याद करने की।

अभिनेता 6–अच्छा...तब ठीक है। (आकर कलाकारों में सम्मिलित हो जाता है) (तभी अभिनेता-7 दर्शकों की भीड़ से खड़े होते हुए)

अभिनेता 7–भाई साहब! तब तो मैं भी नाटक कर सकता हूँ।

अभिनेता 2–हाँ-हाँ- आ जाइये, आ जाइये...आप भी आ जाइये।

(अभिनेता-7 भी मंच पर आकर कलाकारों में शामिल होता है)

अभिनेता 3–(गिनते हुए)एक, दो, तीन, चार...कुल मिलाकर सात लोग. .. यानी कालाकार तो अब काफी हो गए।

अभिनेता 2–तब!?

अभिनेता 3–तब..तब क्या, चलिए अब नाटक शुरु करते हैं।

अभिनेता 5–लेकिन पहले गाना...गाने से दर्शकों का मूड बनेगा।

सारे कलाकार–हाँ...हाँ ठीक है।

(एक कलाकार गाना शुरू करता है, सारे कलाकार कोरस में उसका साथ देते हैं।)

हम होंगे कामयाब...
हम होंगे कामयाब...

अभिनेता 2–गाना तो हो गया...अब?

कलाकार 3–अब नाटक शुरू...?

कलाकार 1–अबे घौंचू...नाटक तो शुरू, पर किस विषय पर?

कलाकार 4–अरे हाँ, इसके बारे में तो सोचा ही नहीं

कलाकार 3–दहेज प्रथा पर करते हैं।

कलाकार 2–अरे नहीं, ये तो बड़ा घिसा-पिटा टॉपिक है।

कलाकार 1–पॉलिटिक्स कैसा रहेगा?

कलाकार 3–अरे धत् पॉलिटिक्स भी कोई विषय है। वही झूठ वादे, आश्वासन, वोट की जोड़-तोड़...

कलाकार 6–तब?

कलाकार 7–मेरे विचार से तो जीवन में पढ़ाई-लिखाई के महत्व का नाटक होना चाहिए।

सभी कलाकार–हाँ, हाँ ये ठीक है।

कलाकार 3–नाटक करते हैं शुरू, सभी दीजिए ध्यान।
आँखें मत झपकाइये, खोले रखिए कान।।

(सारे कलाकार एक गाँव का दृश्य तैयार करते हैं। कोई खुरपे से खेत में गुड़ाई कर रहा है; एक मशीन से चारा काट रहा है, दूसरा चारा लगा रहा है; एक दो घास का गठ्ठर लेकर इधर-उधर निकल रहे हैं।

कलाकार 3–अरे गंगाराम! भई मैंने सुना है कि तेरौ छोरा दिल्ली में बड़ी तगड़ी कमाई कर रयौ है...का करै है?

कलाकार 2–(जो गंगाराम बन जाता है, घास छीलते हुए) मोऊ ऐ पतो नाय, पिछली बार बताय रह्यो कै काऊ फक्टरी में सपुरेवाइजर है।)

कलाकार 3–जे का होतुए ताऊ?

गंगाराम– जे तौ मोऊ ऐ पतौ नाय.. कह रह्यो कै पूरी फक्टरी की बोई देखभाल करै...

कलाकार 3–अच्छा...

कलाकार 4–तब तौ जे भोतई बड़ौ काम है।

गंगाराम–बताय रह्यो, के दुई सौ ते जादा आदमी काम करें वा फक्टरी में।

कलाकार 5–(नज़दीक आते हुए) अरे वाह! तब तौ भौत बड़ी फक्टरी होयगी।

कलाकार 6–और नई तौ का...ताऊ अब तौ निरे दिनन ते भइया गाँव मेंऊ नाय आयौ।

गंगाराम–अरे लल्लू, पंद्रह–बीस दिना है गए...तब चिट्ठी आई कै बाकौ छोरा बहुत बीमार ऐ! फिर तब ते कोई ख़बर नाय आई. ..भइया बड़ी चिन्ता सताय रई है...पतो नाय अब का हाल ऐ...छुट्टन की महतारी कै रई के तुमई दिल्ली जायके देखि आऔ, अब तुमई बताऔ कैसे जाऊँ...मैं तो कबऊ दिल्ली गयौ नाऊँ... निरी भीड़भाड़ में मेरौ तो दमई घुट जायगौ।

कलाकार 1–अरे गंगाराम...चिन्ता मति न करै...अरे सब ठीक होयगो...

कलाकार 5–दुबारा चिट्ठी डारिबे कूँ टैम न मिलौ होयगौ।

(तभी कलाकार-7 जो डाकिया बना हुआ है, थोड़ा-इधर-उधर घूमकर गंगाराम को आवाज़ देता है।)

डाकिया– गंगाराम, ओ गंगाराम!

गंगाराम– (खड़े होते हुए) काऐ भइया... चिट्ठी आइऐ का... दिल्ली ते आई होयगी...ला भइया ला...जल्दी दै...

डाकिया–अरे गंगाराम, भई बड़े उतावले हो रहे हो...ये लो अपनी चिट्ठी दिल्ली से तुम्हारे लड़के की है।

(चिट्ठी देकर डाकिया बना कलाकार आगे बढ़ जाता है।

गंगाराम चिट्ठी को उलट-पुलट कर देखता है...लेकिन पढ़ना न आने के कारण अपने आपको असहाय पाता है। तभी अचानक उसकी नज़र चिट्ठी के कटे हुए कोने की तरफ जाती है और वह धम से नीचे बैठ जाता है तथा ज़ोर-ज़ोर से रोने लगता है। सभी कलाकार आस-पास जुट जाते हैं।)

कलाकार 1-अरे रे गंगाराम ...का भयौ भइया...रो क्यों रह्यो है?

कलाकार 6-अरे ताऊ...रोऔ मति...पहलै बताओ तौ सही का भयौ?

गंगाराम-अरे भइया...(दहाड़ें मारते हुए) अरे...मेरौ छोटू नाय रह्यो।

कलाकार 2-छोटू...छोटू कौन...छुट्टन कौ लल्ला?

गंगाराम-अरे हाँ... अरे मेरौ छोटू।

कलाकार 3-अरे रे च.च.च, जे तो बहुत बुरौ भयौ।

कलाकार 4-हाय राम...जे का भयौ...पिछली बार गाम आयो तब देखो. ..कैसो गोलमटोल गुड्डा सौ हो...

गंगाराम-(और ज़ोर से रोते हुए) अरे मेरो छोटू हाय...कैई दिना तो मेरी बाँई आँख फड़क रहई...हाय भगवान, तैने मेरी तौ दुनियाई लूट लई...

कलाकार 5-धीरज धरौ ताऊ...तुम तो समझदार हो...ऐसै रोयबे-धोयबे ते तौ अब लल्ला वापस नाय आ जायगौ।

गंगाराम-(रोते हुए) अरे कैसे धीरज धरि लऊँ...हाय...अरे मेरी आँखन कौ तारौ लुट गयो रे...

(तभी रोने-धोने की आवाज़ सुनकर डाकिया पुनः लौटकर आता है)

डाकिया-अरे-अरे क्या हो गया गंगाराम?

कलाकार 6-अरे ताऊ कौ नाती खतम है गयौ, चिट्ठी आई है।

डाकिया-च.च्.च, ये बहुत बुरा हुआ...क्या लिखा है चिट्ठी में?

कलाकार 5-वो तौ पतौ नाय...ताऊ ने ही पढ़ी है।

कलाकार 3-लेकिन ताऊ तौ पढ़नोइ ना जानैं...

डाकिया-अच्छा...फिर किसने पढ़ी है?

गंगाराम-(रोते हुए) अरे काऊ नै नाय पढ़ी... डाकिया बाबू काऊ नै

नाय पढ़ी... जे देखौ (चिट्ठी दिखाते हुए) कटे भए कौने की चिट्ठी दिल्ली ते आई है।... अब जाके बाद पढ़वे कूं का बाकी रह जातऐ! (रोता है)

डाकिया- (चिट्ठी लेते हुए) दिखाइये ज़रा...(चिट्ठी लेकर पढ़ता है) पढ़ते ही ज़ोर-ज़ोर से ठहाके लगाता है।)

डाकिया-अरे केवल चिट्ठी का कोना फटा होने से तुम लोगों ने मातम मनाना शुरु कर दिया...जबकि इस चिट्ठी में ये शुभ समाचार है कि गंगाराम के बेटे की तरक्की हो गई है...और रही बात कोना फटने की सो चिट्ठी का कोना कहीं दब-दबा गया होगा, उसी से फट गया होगा।

(इतना सुनते ही सब एकदम हक्के-बक्के रह जाते हैं। गंगाराम के चेहरे के भाव धीरे-धीरे खुशी में बदल जाते हैं।)

कलाकार 3-वाह ताऊ तुमनै बिना पढ़ै ही रोनौ-धोनौ शुरू कर दयौ..

कलाकार 4-अरे भइया...ताऊ का करैं, पढ़नौ ई नाय जानतई...ताऊ का, हम में ते काऊ ऐ पढ़नौ नाय आतुई।

कलाकार 2-हाँ भइया...कै तौ सही रए हौ...

डाकिया-अरे, तो तुम लोग पढ़ते-लिखते क्यों नहीं, खाली समय में गप्पें लड़ाते रहते हो। क्यों न कुछ पढ़ना-लिखना सीख लो।

गंगाराम-पर भय्या हमें कौन पढ़ावैगौ?

डाकिया-ठीक है कल से शाम को पाँच बजे सब लोग चौधरी जी की चौपाल पे आ जाया करो...मैं ही तुम्हें कल से पढ़ाया करूँगा।

सब-हाँ, हाँ ठीक है, ठीक है।

गाना-

पढ़ना है, भई पढ़ना है
हम को आगे बढ़ना है
जीवन के हर अंधकार से
ज्ञान के द्वारा लड़ना है!

अ आ, इ ई में बड़ा दम
आओ इनको पढ़ लें हम
हिचक काहे की, कैसी शरम
अगर अशिक्षित रहे तो-
हरएक बनता खेल बिगड़ना है!

अनपढ़ को अपमान सदा
शिक्षित का सम्मान सदा
ज्ञान बढ़ाये शान सदा
पढ़-लिखकर अब हमको-
उन्नति के शिखरों पर चढ़ना है!

❑❑

अजब अदालत

पात्रः भिखारी करोड़ीमल, वकील, जज, वादी व्यक्ति, अर्दली, चपरासी, पुलिसवाला, कुछ अन्य व्यक्ति।

(कोर्ट का दृश्य : कठघरे से ऊपर बीचों-बीच जज महोदय की कुर्सी है, मेज है; मेज पर कलम, काग़ज़ रखे हैं। न्याय की मूर्ति को भी जज की कुर्सी के पीछे ऊँचाई पर रखा जा सकता है। टाइपिस्ट और पेशकार के लिए स्थान रखा जाना चाहिए।

अर्दली- (जोर से) जज साहब अदालत में पधार रहे हैं।

(जज साहब आकर निश्चित कुर्सी पर बैठ जाते हैं।)

नेपथ्य से- आज अदालत में भिखारी करोड़ीमल के खिलाफ मुकद्दमा चलाया जाएगा। जब एक राहगीर ने इसे भीख में एक रुपया दिया तो इन्होंने उस व्यक्ति से दस रुपये की माँग की, जब उस व्यक्ति ने दस रुपये देने में असमर्थता प्रकट की तो इसने उस व्यक्ति को न केवल अश्लील गालियाँ दी, बल्कि उसके साथ मारपीट भी की। आज की कार्यवाही में सरकारी वकील श्री झपट्टा सिंह, भिखारी करोड़ीमल से सवाल करेंगे और करोड़ीमल के अनुसार अपने ऊपर लगाए गए इल्ज़ामों के जवाब वे खुद देंगे।

सन्तरी- मुलज़िम भिखारी करोड़ीमल वल्द लखपतमल हाजिर हो....

(सन्तरी की आवाज़ सुनकर करोड़ीमल जिसने लाल टीशर्ट पहन रखी है तथा जींस जो एक टाँग में ऊपर तक उठी हुई है, मंच पर प्रवेश करता है, जो यहाँ भी अपनी आदत से बाज़ नहीं आता, मंच पर वह भीख माँगते हुए आने का अभिनय करता है।)

पुलिसवाला- (धीरे से डांटते हुए) अबे! कोर्ट मे तो बाज़ आ जा, जहाँ भीड़ देखी, वहीं हो गया शुरू...

करोड़ीमल- माई-बाप, क्या करूँ... धन्धे का टाइम हो रहा है और आप मुझे यहाँ ले आये।

पुलिसवाला- चुप्प!!

(भिखारी करोड़ीमल कठघरे में जाकर खड़ा हो जाता है। अर्दली 'गीता' लेकर आता है जिस पर हाथ रखकर करोड़ीमल कसम खाता है कि जो कुछ कहेगा सच कहेगा, सच के अलावा और कुछ नहीं कहेगा।)

जज- कार्यवाही प्रारम्भ की जाए....

वकील- तुम्हारा नाम?

करोड़ीमल- ह...ह हुजूर करोड़ीमल।

वकील- पिता का नाम?

करोड़ीमल- लखपतमल!

वकील- कहाँ रहते हो?

करोड़ीमल- बंग्लो रोड पर!

वकील- बंग्लो रोड पर... किस पाइप में...?

करोड़ीमल- अरे हुजूर.... क्यों मजाक करते हैं.... पाइप में नहीं बंगला नं० 13 में हुजूर....

वकील- (हैरत से) अच्छा...!? धन्धा क्या करते हो?

करोड़ीमल- (सीना तानकर गर्व से) भीख माँगता हूँ साब!

वकील- (इज़्ज़त से) अच्छा... भीख माँगकर आपने इतना बड़ा बंगला बना लिया!?

करोड़ीमल- हजूर, मालिक की कृपा से आज मैं भिखारी एण्ड ग्रुप का मैनेजिंग डायरेक्टर हूँ... दिल्ली, मुम्बई, चेन्नई, कोलकाता, आगरा और बंगलोर की टेरेटरी में अपना जबरदस्त व्यवसाय है।

(जज, वकील, पुलिसवाला आदि सभी भौचक्के रह जाते हैं।)

वकील- करोड़ीमल जी...

(तभी बीच में ही मोबाइल की रिंग आने लगती है, करोड़ीमल अपनी टी-शर्ट के अन्दर से शानदार फोन निकालकर बात करता है, सारे लोग अचरज से सुनते हैं)

करोड़ीमल- हैलो.... यस... नमस्कार क्या पलीताचंद को लालकिले से बुला लिया... व्हाट!? मिस्टर तुम्हें पता है पलीता हिस्ट्री से एम० ए० है और फिर उसे ऐतिहासिक इमारतों के पास भीख माँगने का 3 साल का एक्सपिरियंस भी है... क्या कहा झुनझुनादास ने हिस्ट्री से पी०एच०डी० किया है... कूका तुम बिल्कुल उल्लू के पट्ठे हो... अरे केवल पी०एच०डी० से

क्या होता है, एक्सपीरियंस भी चाहिए... ऐसा करो तुम झुनझुनादास को एक्सपीरियंस के लिए आगरा ताजमहल पर भरोसेलाल के पास भेज दो... और पलीता चंद को जब तक मैं न कहूँ, लालकिले पर ही रहने दो.... तुम बुद्ढे हो गए लेकिन तुम्हें अभी धन्धे की ए बी सी भी नहीं आयी।

(करोड़ीमल फ़ोन बंद कर देता है;

वकील- करोड़ीमल जी, हिस्ट्री में एम०ए० का लालकिले से क्या संबंध है?

करोड़ीमल- वकील साहब, जिस विद्यार्थी ने इतिहास की पढ़ाई की है उसे ऐतिहासिक इमारतों पर भीख माँगने में, ज़्यादा सहूलियत होती है।

वकील- अच्छा!? वैसे... आप कहाँ तक पढ़े हैं?

करोड़ीमल- एम० फिल० किया है।

वकील- अरे इतने पढ़े लिखे हो तो भीख क्यों माँगते हो?

करोड़ीमल- हुजूर... बुरा मत मानिएगा... लेकिन ये सवाल मुझे बहुत अटपटा लगा (गंभीर होते हुए) वकील साहब, जब मैंने एम०फिल० किया तब बड़ा खुश था, कि चलो अब नौकरी करेंगे, माँ-बाप का सहारा बनेंगे। जिन्होंने खट-खट कर हमें पढ़ाया है, लेकिन सालों तक नौकरी के फॉर्म भरते रहे... कहीं नौकरी नहीं मिली... रिश्वत देने के लिए न बापू के पास पैसे थे न सोर्स... और फिर नौकरी की तलाश में दिल्ली आ गए... दफ्तरों के चक्कर लगाए... एक दिन मैं बहुत थका हुआ था... भूखा था... गंदा था... रेलवे स्टेशन के बाहर धम्म से गिर गया... गिरने के कुछ देर बाद एक औरत आयी और हमारे हाथ पर अठन्नी रख गई.... ये मेरी पहली कमाई थी फिर तो हम शाम तक ऐसे ही पढ़े रहे और जब उठे तो देखा कि हमें इतने पैसे मिल गए थे कि अगर हम किसी फैक्टरी

में मजदूरी करते तो इतने पैसे न मिलते। उस दिन के बाद फिर हमने पीछे मुड़कर नहीं देखा... और आज हम अपनी मेहनत और लगन से भिखारी ऑफ ग्रुप्स के मैंनेजिंग डायरेक्टर हैं, लगभग पाँच हजार पढ़े-लिखे नौजवानों का स्टाफ है, जिसमें डॉक्टर, इंजीनियर, वकील, एम०ए०, बी०ए० आदि सभी लोग शामिल हैं...

वकील- आपने अपने ग्रुप में बच्चों को तो नहीं रखा...

करोड़ीमल- अजी हुजूर ये बच्चे हमारे ग्रुप की इन्कम के अच्छे स्रोत हैं... देश के विभिन्न हिस्सों से आवारा, घर से भागे हुए बच्चों को पकड़कर हम उन्हें ट्रेनिंग देते हैं, इसी तरह जिन माँ-बाप को उनके बहू-बेटे घर से धक्का देकर बाहर निकाल देते हैं उन्हें भी हम अपने यहाँ पनाह देते हैं... वैसे भी हमारे देश के लोग बूढ़ों और बच्चों पर जल्दी तरस खा जाते हैं।

वकील- करोड़ीमल जी, आपकी लाइफ हिस्ट्री वाकई बहुत इन्ट्रस्टिंग है... लेकिन चलिए अब असली मुद्दे पर आते हैं।

करोड़ीमल- हाँ... हाँ, वकील साहब, मेरा भी यह धन्धे का समय है, ज़रा जल्दी कीजिए!

वकील- आप पर आरोप है कि सामने खड़े व्यक्ति ने जब आपको भीख में एक रुपया दिया, तब आपने उससे दस का नोट माँगा।

करोड़ीमल- जी हाँ... अब आप ही बताइये जज साहब (जज की ओर देखते हुए) एक रुपयां और ये महँगाई... अब आप ही बताइये एक रुपये में पानी का गिलास तो आता नहीं, मिनरल वाटर की बोतल भी दस-बारह रुपये की आती.है।

वकील- करोड़ीमल जी.... ये तो स्वेच्छा की बात है, कोई भीख दे या न दे.... और फिर जिसके पास रुपया है

तो रुपया ही देगा न।

करोड़ीमल- अजी! भीख माँगते हैं, कोई इनके बाप के नौकर नहीं हैं जो ये दे दें और हम ले लें।

वकील- इन्होंने अपनी हैसियत के मुताबिक आपको एक रुपया दिया था!

करोड़ीमल- अजी मैंने इसकी हैसियत को देखकर ही दस रुपया माँगा था, सोचा था कि ढंग के कपड़े पहने है तो ज़रूर दस रुपये देगा, लेकिन क्या मालूम था कि ये इतना बड़ा कड़का निकलेगा!?

वकील- तो आपको एक रुपया लेकर सन्तुष्ट हो जाना चाहिए था, आखिरकार आपको तो कुछ मिला ही...

करोड़ीमल- वकील साहब, सच तो ये है कि मैं दस रुपये माँगना भी अपनी तौहीन समझता हूँ, आखिरकार मैं कम्पनी का मैनेजिंग डायरेक्टर हूँ, मेरी हैसियत कम से कम एक व्यक्ति से हरी पत्ती पाने की है, हरी पत्ती यानि एक सौ रुपया...

वकील- फिर आपने इनसे दस रुपया क्यों माँगा....?

करोड़ीमल- मॉफ करना, मैं पिछले बारह साल से इस धन्धे में हूँ, मुझे आदमी की हैसियत की परख है। मुझे मालूम था कि इस कंगले की दस से ज़्यादा हैसियत नहीं है इसलिए.... और फिर सुबह-सुबह का टाइम था, इसलिए मैं खोटी नहीं करना चाहता था।

वकील- जब इन्होंने आपको दस का नोट नहीं दिया तो आपने इन्हें गाली दी?

करोड़ीमल- जी नहीं साहब... मैने इनसे भरपूर मिन्नत की...

वकील- फिर भी नहीं दिया तब?

करोड़ीमल- मैंने इनके पैर पकड़े।

वकील- फिर?

करोड़ीमल- लेकिन इसने अनसुना कर दिया। बल्कि चल-चल आगे बढ़, कह कर खुद आगे बढ़ गया।

वकील- तब!?

करोड़ीमल- तब मुझे गुस्सा आ गया और मैंने दो-तीन संसदीय शब्दों का इस्तेमाल कर डाला (जज की ओर देखकर) जज साहब, आप ही बताइये, कोई व्यक्ति आपसे बात कर रहा है और आप आगे बढ़े जा रहे हैं...यह तो अशिष्टता है, सामनेवाले का सरासर अपमान है!

वकील- तो फिर आपने इन्हें मारा!

करोड़ीमल- अरे नहीं साहब...मेरे शब्दों को सुनकर ये भागकर आया और मेरे एक तमाचा जड़ दिया!

वकील- फिर?

करोड़ीमल- फिर...फिर क्या, एक तो सुबह-सुबह मूड इस व्यक्ति ने चौपट कर दिया और उस पर चाँटा...फिर तो हमारा खून खौल गया, हमने इसकी ऐसी मरम्मत की, कि बच्चू ज़िन्दगी भर याद रखेगा।

(वकील उस व्यक्ति से)

वकील- क्या तुमने पहले इसको चाँटा मारा था?

व्यक्ति- इसने पहले गाली क्यों दी?

वकील- इसका मतलब तुमने पहले कानून का उल्लंघन किया?

व्यक्ति- वकील साहब, इसने भी तो पहले गाली बकी थी?

वकील- गाली देना कानून का उल्लंघन नहीं होता।! (जज से) माई लोर्ड, तमाम सवाल-जवाब आपके सामने प्रस्तुत हुए हैं, अब कोई भी बात आपसे छुपी नहीं है, इन दोनों में से कौन दोषी है और कौन निर्दोष, इसका फैसला आप ही कर सकते हैं।

(जज महोदय फैसला सुनाते हैं।)

जज- तमाम बयानों और जिरह को सुनने के पश्चात यह अदालत इस निष्कर्ष पर पहुँची है कि वादी द्वारा लगाये गए तमाम आरोप निराधार हैं। यह एक बड़े व्यक्ति को बदनाम करने का षड़यंत्र मात्र है। वादी व्यक्ति को इतना खयाल रखना चाहिए था कि इस मँहगाई में एक रूपये से क्या होता है? चूंकि व्यक्ति ने कानून पहले अपने हाथ में लेकर अपराध किया है और करोड़ीमल के साथ-साथ अदालत का कीमती वक्त बरबाद किया है इसलिए वादी व्यक्ति पर दस हज़ार एक सौ रुपये का जुर्माना किया जाता है, इसमें से दस हजार रुपये करोड़ीमल को दिए जाएँ। वहीं एक सौ दस रुपये कोर्ट के खाते में जमा किए जाएँ। यह अदालत भिखारी श्री करोड़ीमल जी को बाइज़्ज़त बरी करती है।

(समाप्त)

(पर्दा गिरता है)

ईमानदारी का अपहरण

पात्र–ईमानदारी, 2 नकाबपोश, डॉक्टर, कम्पाउण्डर, नर्स, मरीज़, तीमारदार, ठेकेदार, इंजीनियर, 2 वकील, खुंखार सिंह (एक अधेड़ स्त्री), थानेदार, 2 सिपाही, जेबकतरा, एक बच्चा।

(मंच पर मधुर संगीत के साथ ईमानदारी का प्रवेश)

ईमानदारी– (दर्शकों को संबोधित करते हुए) प्यारे देशवासियो! पहचाना मुझे! मैं...मैं ईमानदारी हूँ...मैं जिसके पास

होती हूँ...वह व्यक्ति बहुत सुख और संतोष के साथ जीवन व्यतीत करता है...सारे संसार में उसका सम्मान होता है...मेरा पालन कठिन अवश्य है लेकिन मन में संतोष होने से सब आसान हो जाता है...पता नहीं क्यों आजकल लोग मुझसे मुँह फेरने लगे हैं...मेरा मज़ाक उड़ाते हैं...मेरी जानी दुश्मन बेईमानी का आदर-सत्कार करते हैं, उससे प्यार करते हैं...उसको अपने दिल में बसाते हैं।

(ईमानदारी अपना परिचय दे ही रही थी कि दो नकाबपोश आते हैं और ईमानदारी के ऊपर काला कपड़ा डालकर उसे उठा ले जाते हैं। तभी मंच पर एक कलाकार का प्रवेश...)

सूत्रधार- साथियो! अभी-अभी मुझे हाईकमान से सूचना मिली है कि ईमानदारी का अपहरण हो गया है...आप में से अगर किसी ने ईमानदारी का अपहरण होते हुए देखा हो तो कृपया मुझे बताएँ...हाईकमान ने मुझे ईमानदारी की खोज पर लगाया है...हाँ हाँ कोई तो मुझे बताइये. ..नहीं, कोई नहीं बताएगा...मैं जानता हूँ आप भी सभी चुपचाप तमाशा देखने वाले हो...ख़ैर मुझे ही तलाश करनी पड़ेगी...निश्चित रूप से यह भ्रष्टाचार गैंग का काम होगा...लेकिन भ्रष्टाचार गैंग की पहुँच तो चारों तरफ है...कहाँ से शुरुआत करूँ...क्यों न... नर्सिग होम चलूँ...सुना है भ्रष्टाचार के कुछ गुर्गे यहाँ भी हैं...हाँ, वह पास भी पड़ेगा...चलता हूँ..

प्रस्थान

(पर्दा गिरता है)

नर्सिग होम का सीन

(बीच में टेबिल रखी है, एक तरफ कुर्सी पर डाक्टर बैठा है, दूसरी ओर साइड में नर्स बैठी है। दोनों एक-दूसरे की आँखों में टकटकी लगाकर देख

रहे हैं, तभी कम्पाउंडार का तेजी से प्रवेश, जिसे देखकर दोनों हड़बड़ा जाते हैं।)

कम्पाउण्डर- डॉक्टर साहब! इमरजैंसी है, एक मरीज़ आया है, जिसके पेट में दर्द है और वो ज़ोरों से रो रहा है।

डॉक्टर- ठीक है, ठीक है, उसे यहाँ लेकर आओ।

(कम्पाउण्डर जाता है, वापसी में उसके साथ एक मरीज और तीमारदार है। मरीज़ ज़ोर-ज़ोर से हाय मर गया, 'हाय मर गया' कर रहा है। कम्पाउंडर उसे स्टूल पर बैठा देता है।)

डॉक्टर- क्या परेशानी है?

तीमारदार- डॉक्टर साहब!...कल रात से इन्हें ज़ोर से पेट में दर्द हो रहा है...

मरीज- हाय मर गया...हाय...अब ना बचूँगा रे...

डॉक्टर- चिंता मत करो, बिल्कुल ठीक हो जाओगे। लाओ नब्ज़ दिखाओ।

(मरीज हाय हाय करते हुए हाथ आगे कर देता है, डॉक्टर नब्ज़ देखने के बाद आँख, जुबान आदि का परीक्षण करता है।)

डॉक्टर- (परीक्षण करने के बाद तीमारदार से) आप एक हज़ार रुपये बाहर जमा करा दीजिए। इनका अल्ट्रासाउण्ड करना पड़ेगा।

तीमारदार- (आश्चर्य से) एक हजार!

मरीज- हाय मर गया...

डॉक्टर- देखिए ये तो जमा कराने ही हैं, तभी पता चल पाएगा कि मेन प्राब्लम क्या है, मुझे लगता है इनकी आँतों में हिस्ट्रामेन्सोसिस हो गया है...जो सेल्फाडाइसिल के वीक होने पर हो जाता है...घबराने की बात नहीं है एक मामूली से आप्रेशन से ये ठीक हो जाएंगे... कम्पाउन्डर इनके पैसे जमा कराके इनका अल्ट्रासाउण्ड कराइये...तुरन्त रिपोर्ट के 200 रुपये एक्सट्रा लगेंगे।

मरीज- (पेट पकड़कर) हाय...मर गया...

(तीमारदार और मरीज़ कम्पाउण्डर के साथ बाहर निकल जाते हैं, मरीज हाय मर गया...हाय मर गया...करता जाता है...सबके बाहर जाते ही डॉक्टर और नर्स फिर एक-दूसरे की आँखों में देखने लगते हैं...थोड़ी देर बाद कम्पाउंडार फिर मरीज़ और तीमारदार के साथ अल्ट्रासाउण्ड की रिपोर्ट लेकर अन्दर आता है)

कम्पाउण्डर- डॉक्टर साब!

(डॉक्टर व नर्स फिर अचकचा जाते हैं)

डॉक्टर- र..र..रिपोर्ट आ गई क्या?

मरीज़- (पेट पकड़कर) हाय...मर गया...

(कम्पाउंडर रिपोर्ट देता है, डॉक्टर रिपोर्ट निकालकर देखता है)

डॉक्टर- ओह! जिस बात की चिन्ता थी वही निकला। (तीमारदार की ओर देखकर) इनका सिन्डामोन्फिल आपरेशन होगा...ये आपेरशन जितना जल्दी हो जाए उतना बेहतर है अन्यथा मरीज़ की जान को ख़तरा हैं...आप जल्दी से 12 हजार का इंतजाम करके काउन्टर पर जमा करा दें।

मरीज़- हाय!...मर गया...हाय...

तीमारदार- बारह हजार!...डॉक्टर साब...ये तो बहुत ज़्यादा है।

डॉक्टर- लेकिन जो बीमारी इन्हें है उसके सामने ये बारह हजार कुछ भी नहीं हैं। आप जल्दी इंतजाम करके जमा करा दीजिए।

मरीज़- हाय! मर गया...हाय...

(तीमारदार मरीज़ और कम्पाउण्डर के साथ बाहर निकल जाते हैं। डॉक्टर और नर्स फिर एक-दूसरे की आँखों में झांकने लगते हैं।)

(पर्दा गिरता है। पर्दे के आगे सूत्रधार का आगमन।)

सूत्रधार- साथियो! यहाँ तो पूरी तरह बेईमानी का साम्राज्य है।

डॉक्टर साहब ने जिस मरीज़ का ऑपरेशन किया है उस मरीज़ को बस गैस का दर्द हो रहा था...कुछ दवाओं से आसानी से ठीक हो जाता...लेकिन उसका ऑपरेशन ही कर डाला ताकि तगड़ी कमाई हो सके. ..और बाद में मरीज़ के लिए कोढ़ में खाज़ का काम ये हुआ कि डॉक्टर साब उसके पेट में कैंची भी भूल गए...सो एक बार दोबारा ऑपरेशन करना पड़ा, जिसका दस हजार रुपये भुगतान भी मरीज ने ही किया...ख़ैर यहाँ तो ईमानदारी नहीं मिली...चलिए आगे चलते हैं...लेकिन कहाँ-कहाँ ढूँढें उसे...अरे हाँ, आगे..आगे एक सरकारी बिल्डिंग बन रही है...हो सकता है ईमानदारी को वहाँ छिपा दिया गया हो..चल कर देखता हूँ..(निकल जाता है)

(पर्दा खुलता है)

(मंच पर ठेकेदार और इंजीनियर दिखाई देते हैं, ठेकेदार के हाथ में लड्डूओं का डिब्बा है)

इंजीनियर- देखिए ठेकेदार साब... बाकी तो ठीक है लेकिन...

ठेकेदार- . लेकिन क्या इंजीनियर साब... अब इस सब के लिए ही तो आपको इतना कमीशन भी देते हैं हुजूर...!

इंजीनियर- वो तो ठीक है... लेकिन शिकायतें बहुत मिल रही हैं.... आप तो बहुत ही घटिया माल लगा रहे हो...

ठेकेदार- अरे ये सब छोड़िये.... पहले ये बताइये... आपका बेटा अमेरिका जाने वाला था... उसका इंतजाम हुआ या नहीं?

इंजीनियर- अरे कहाँ... अभी वीजा भी नहीं बना है; फिर उसके बाद दुनिया भर के खर्चे...

ठेकेदार- अरे आप खर्चे-वर्चे भूल जाइये... हम किस दिन काम आएंगे... और आपका वीजा का काम भी हो जाएगा... बेटे को कल सुबह आइ बजे के करीब मेरे पास भेज देना....

इंजीनियर- वो तो ठीक है...लेकिन...

ठेकेदार- अजी इंजीनियर साहब... लेकिन वेकिन छोड़ो... ज़िन्दगी के मजे लो... खुद भी खाओ... हमें भी खाने दो।

इंजीनियर- लेकिन ठेकेदार साब...

ठेकेदार- (जबरदस्ती मुँह में लड्डू ठूँसते हुए) अरे आप लड्डू खाइये... प्यौर देसी घी के हैं... आप ये लेकिन-वेकिन दिमाग से निकाल दीजिए...

(पर्दा गिरता है। पर्दे के आगे फिर सूत्रधार का आगमन।)

सूत्रधार- अरे मैं भी किस ग़लत जगह पर चला आया। यहाँ तो ईमानदारी होने का प्रश्न ही नहीं उठता। यहाँ तो ठकेदार और इंजीनियर की जुगलबंदी चल रही है, दोनों एक-दूसरे के हित साधते हुए खाओ और खाने दो का नारा बुलन्द कर रहे हैं... यहाँ से चलता हूँ. ... (कुछ सोचते हुए) शायद न्याय परिसर में ईमानदारी मिल जाए। हो सकता है भ्रष्टाचार के गुर्गे उसे न्यायालय में छोड़ के भाग गए हों... चलकर देखता हूँ।

(सूत्रधार का प्रस्थान)

(पर्दा खुलता है)

कचहरी का दृश्य।

दो वकील तथा एक अन्य व्यक्ति तथा एक औरत मंच पर दिखाई देते हैं।

एक वकील- (व्यक्ति से) देखिए खुंखार सिंह जी, आपके केस में बिल्कुल जान नहीं है...आप दोनों को जैसे-तैसे अभी जमानत पर छुड़वा तो दिया है लेकिन आपकी पत्नी कर्कशा देवी ने घटना स्थल पर तमाम सबूत छोड़ दिए हैं।

खुंखार सिंह- देखो वकील साहब, अब चाहे जैसे हो आपको हमें इस केस से छुट्टी दिलानी है।

कर्कशा देवी- अब तो आप ही हमारे कोई माई-बाप हो..

वकील 2- अरे आप लोगों ने भी बहू को खतम करने का वो ही पुराना घिसा-पिटा तरीका अपनाया...फिर उसमें भी कंजूसी...केवल दो लीटर मिट्टी का तेल...भई कमाल है...कम से कम 10-15 लीटर हाई स्पीड पेट्रोल का तो इस्तेमाल कर ही लेते...तुम्हारी बहू नर्सिग होम में है...अगर वो बच गई तो फिर तुम लोगों को बचाना मुश्किल हो जाएगा।

खुंखार सिंह- अब गलती तो हो ही गई...वकील साहब पैसा चाहे जितने खर्च हो जाँय...बस आप इस मुसीबत से छुटकारा दिलवाओ।

वकील 1- (कुछ सोंचते हुए) देखिए खुंखार सिंह जी...इस केस से आपको छुट्टी तो दिला सकते हैं...लेकिन आपके कम से कम बीस लाख खर्च हो जाएंगे..सीधे-सीधे मर्डर केस है..

खुंखार सिंह- बीस लाख! (सोचकर) ठीक है वकील साहब...सब इंतजाम हो जायगा...आप काम आगे बढ़ाऔ...

वकील 1- (वकील- की तरफ इशारा करके) ये सरकारी वकील हैं...पाँच लाख इन्हें देने पड़ेंगे...आठ लाख जज साहब को...बाकी कुछ पैसा इधर-उधर भी बंटेगा...आप ये दुआ मनाइये कि बस आपकी बहू बयान देने के लिए होश में न आने पाए...

खुंखार सिंह- अब इतना खर्च हो रहा है तो दो-चार लाख और सही...उस नर्सिग होम का सारा स्टॉफ मेरी मुठ्ठी में है...आप समझिये कि काम हो गया...

वकील 2- तब आप भी निश्ंचित हो जाइये...बस आप पैसे का इंतजाम करिए।

खूंखार सिंह- ठीक है वकील साहब...कल तक सब इंतजाम हो जाएगा।

(पर्दा गिरता है। सूत्रधार का पर्दे के आगे आगमन)

सूत्रधार- अरे बाप रे...यहाँ तो बड़ी भयंकर साज़िशें चल रही

हैं ये वकील न्याय के रक्षक हैं या भक्षक। पैसा ही इनका पेशा है...यहाँ ग़रीब को न्याय मिलना बहुत मुश्किल है...खुंखार सिंह की बहू के मायके वालों की इतनी सामर्थ्य नहीं है कि न्याय पाने के लिए 15-20 लाख खर्च कर सकें...वकीलों की जेब भर सकें...इसलिए निश्चित ही यह 'मर्डर' 'हादसे' में तब्दील हो जाएगा...चलता हूँ...कहीं मैं ही किसी केस में न फंस जाऊँ...यहाँ ईमानदारी के होने का तो प्रश्न ही नहीं उठता। थाने चलकर देखूँ कि यहां ईमानदारी को भ्रष्टाचार गैंग से बरामद तो नहीं कर लिया गया...

(पर्दा खुलता है)

थाने का दृश्य...एक जेबकतरा टाइप का व्यक्ति उकडू बैठा है, दो पुलिस वाले उसके इर्द-गिर्द हैं. ..थानेदार साहब कुर्सी पर पसरे हुए हैं। जेबकतरे के मुँह से खून निकल रहा है, बाल छितराए हुए हैं, कपड़े फटे हुए हैं।

थानेदार- क्यों बे घसीटे...तुझे दस-बारह साल हो गए जेब काटते. .फिर भी बार-बार पब्लिक के चक्कर में फंस जाता है. ..अगर सिपाही लठ्ठा सिंह तुझे पब्लिक से छुड़ाकर यहाँ थाने न लाता तो आज पब्लिक तुझे जान से मार देती...

घसीटा- (कराहते हुए) माई बाप! काम तो बड़ी हुश्यारी से कर रिया था...पर जे धन्धा ही ऐसा है, बड़े-बड़े तीसमार खाँ पकड़ में आ जाते हैं।

पुलिसवाला 1- अबे हुश्यारी के ताऊ...समझ ले कि आज तुझे नया जीवन मिला है...

पुलिसवाला 2- स्साले कम से कम इधर-उधर देख के तो काम किया कर...

घसीटा- ग़लती हो गई हुजूर...मैंने ध्यान नहीं दिया...जब मैं जेब काट रिया था तब मेरे पीछे एक स्टूडंट खड़ा था। उसने मुझे पकड़ के शोर मचा दिया।

थानेदार-	अच्छा चल ये बता...पिछले हफ्ते कितनी कमाई की. ..स्साले अब हफ़्ता भी टाइम से नहीं पहुँचाता।
घसीटा-	पिछले हफ़्ते मुझे दिमागी बुखार हो गया माई बाप, सो कुछ काम नहीं कर पाया।
थानेदार-	अबे ओय! बहाने मत बना...लगता है पिटाई कम हुई है...
पुलिसवाला 1-	स्साले...हवालात में सड़ना चाहता है क्या...
पुसिलवाला 2-	सुन! कल कैसे भी करके पाँच पहुँचा दियो...और अगले हफ़्ते से आठ हजार...महँगाई बहुत बढ़ गई है...
घसीटा-	माई बाप! इतना तो बहुत मुश्किल हो जाएगा।

थानेदार- लठ्ठा सिंह! बाहर ले जाओ इसे...स्साला दिमाग का दही बना रहा है...और ज़रा ठीक से समझा देना...

(दोनों पुलिस वाले उसे धकेलते हुए ले जाते हैं, पीछे से आह...मर गया...की आवाज़ें आती हैं जो धीरे-धीरे कम होती जाती हैं)

(पर्दा गिरता है। सूत्रधार का आगमन।)

सूत्रधार- अब तो मेरे मन में निराशा भर गई है। लगता है अब मुझे कहीं ईमानदारी नहीं मिलेगी...ढूँढ़ ढूँढ़कर थक गया हूँ...पैरों में दर्द होने लगा है। जहाँ जाओ वहीं बेईमानी का साम्राज्य है...हाईकमान को क्या जवाब दूँगा...समझ में नहीं आ रहा...

(निराश हो कर मंच के एक तरफ बैठ जाता है। पर्दा खुलते ही मंच पर एक बच्चा दिखाई देता है, जिसके कंधों पर स्कूल बैग है तथा वह स्कूल यूनिफार्म में है...बच्चा बड़ी मस्ती से झूमता हुआ आ रहा है... तभी उसे मंच पर पर्स गिरा हुआ दिखाई देता है...वह उसे उठा लेता है..)

बच्चा- अरे ये तो किसी का पर्स है...हाय बेचारा जिसका भी है वह कितना दुखी हो रहा होगा। (चारों तरफ देखते हुए) यहाँ तो कोई दिखाई नहीं दे रहा...क्या करूँ इसका...ये जिसका है उस तक पहुँचना ही चाहिए.. क्या करूँ...मुझे तो स्कूल के लिए भी देर हो रही हो...क्या यहीं फेंक दूँ...अरे...अरे नहीं...अगर किन्हीं गलत हाथों मे पड़ गया तो...अरे हाँ...इसे मैं स्कूल के प्रधानाचार्य जी को दे दूँगा...वे ज़रूर किसी न किसी तरह इसको इसके असली मालिक तक पहुँचा देंगे. ..हाँ हाँ ये ठीक है।

(इतना कहकर बच्चे का प्रस्थान)

सूत्रधार- (तेजी से उठते हुए)! मिल गई...मिल गई ईमानदारी. ..मैं उसे जाने कहाँ-कहाँ ढूँढ रहा था...लेकिन वो तो

इस बच्चे के साथ निकली (थोड़ा रुककर गंभीर होते हुए) लेकिन साथियो! यह ईमानदारी इस बच्चे के साथ हमेशा बनी रहे, इसके लिए आप सब अभिभावकों को तथा स्कूल के शिक्षकों को विशेष सावधानी रखनी है; इन बच्चों के अन्दर नैतिकता की ज्योति जलाए रखने का सारा दायित्व आपके ऊपर है...अगर यह दायित्व आपने ठीक से निबाह लिया तो फिर से यह देश सोने की चिड़िया हो जाएगा। और हमें कहने में कतई संकोच नहीं होगा कि हमारा भारत महान, हमारा भारत महान, हमारा भारत महान।

(धीरे-धीरे पर्दा गिरता)

करप्शन सम्राट

पात्रः एनाउन्सर, परिचयदाता, डॉ॰ भरपूर छिन्दवानी(जज 1), श्रीमती किचकिच चड्ढा (जज-2), प्रो. पलटवार सिंह, (जज-3), सूरतचंद सुरतीवाले (जज-4), इन्कमटैक्स ऑफिसर गटक बिहारी, स्वामी रसभरानंद, इंस्पेक्टर लट्ठा सिंह, ठेकेदार रेतीलेलाल, बाबू लपकचंद लंपट, नेता दलबदल सिंह धुरंधर, एक युवती)

(मंच पर पुरस्कार समारोह का दृश्य। मंच के एक तरफ चार कुर्सियाँ और टेबिल रखीं है, जहाँ चार लोग बैठे हैं वे प्रतियोगिता के

जज हैं। बीच में रैम्पनुमा जगह बनाई है। एनाउन्सर का मंच पर प्रवेश)

एनाउन्सर- गुड ईवनिंग जन्टिलमेन...जैसा कि आप सभी जानते हैं...हमारी 'करप्शन पुरस्कार कमेटी' का ये 'तिरसठवाँ कार्यक्रम है, आज़ादी के बाद से हर वर्ष हमारी कमेटी यह पुरस्कार कार्यक्रम आयोजित कर रही है–इस कार्यक्रम की पॉपुलरिटी का ये आलम है कि इस बार के 'करप्शन सम्राट' पुरस्कार के लिए देश के कोने-कोने से लोग आए हैं। लाखों की संख्या में मिलें आवेदनों में से हमने कुछ प्रमुख प्रतियोगियों को चुना है और हमारे दांयी ओर जो चार महानुभाव बैठे हैं वे आज के कार्यक्रम में प्रतियोगियों को जज करेंगे....दायें से सबसे पहले बैठे हैं डॉ. भरपूर छिंन्दवानी....दूसरे नम्बर पर हैं श्रीमती किचकिच चड्ढा तीसरे नम्बर पर है प्रोफेसर पलटवार सिंह और सबसे आगे हैं श्रीमान सूरतचंद सुरतीवाले... इन सभी के परिचय की आवश्यकता नहीं है....ये सभी देश की जानी मानी हस्तियाँ हैं। भ्रष्टाचार क्षेत्र में कितने ही पुरस्कार जीतकर देश के गौरव को मिट्टी में मिलाया है...मैं चाहता हूँ कि एक बार आप सब इनके अपमान में ज़ोरदार तालियाँ बजाएँ...

(दर्शकों की तालियाँ)

एनाउन्सर- थैंक्यू!...तो दोस्तो, अब हम बिना किसी रुकावट के अपना कार्यक्रम शुरू करने जा रहे हैं...प्रत्येक प्रतियोगी यहाँ एक के बाद एक रैंप पर आयेगा...कार्यक्रम के अन्त में जो जीतेगा उसको 'करप्शन सम्राट' की उपाधि देकर अपमानित किया जाएगा...तो दिल थाम के बैठिए सबसे पहले हमारे बीच आ रहे हैं इन्कटमटैक्स अधिकारी, अपमाननीय गटक बिहारी। (इतना सुनते ही संगीत की धुन तेज़ हो जाती है और

मंच के एक ओर से मि० गटक बिहारी इस प्रकार आगे की ओर आते हैं जैसे कि फैशन प्रतियोगिता में कोई मॉडल कैटवॉक करता है; मंच के आगे की ओर आकर गटक बिहारी फ्रीज़ हो जाते हैं। दूसरी तरफ से आकर परिचय देने वाला एक कलाकर हाथों में परिचय वाला पर्चा लेकर पढ़ता है।)

परिचय दाता- अपमाननीय गटक बिहारी! आप ग्रेजुएशन में तीन बार फेल हुए लेकिन जैसे-तैसे ग्रेजुएट होने के बाद कम्पटीशन के लिये अप्लाई किया और रिजर्वेशन की वजह से आखिरकार इन्कम्टैक्स अधिकारी के पद तक पहुँच गए...इस पद पर पहुँच कर आपने अब तक जितने छापे मारे हैं उनसे करोड़ों छाप लिए हैं। गटक बिहारी जी, दो नम्बर की कमाई को गटकने में इतने माहिर हैं कि डकार भी नहीं लेते.. .हिन्दुस्तान का हर महकमा इनके नाम से थर्राता है. ..इन्हें काले धन को सफेद बनाना भली भाँति आता है।

एनाउन्सर- श्री गटक बिहारी के अपमान में ज़ोरदार तालियाँ हो जाएँ।

(दर्शक तालियाँ बजाते हैं। गटक बिहारी संगीत की धुन के साथ थिरकते हुए मंच से वापस चले जाते हैं।)

एनाउन्सर- और दोस्तो! अब हमारे बीच आ रहे हैं देश के सबसे लीचड़ वकील...झपट्टा मार सिंह।

(संगीत के साथ रैम्प पर मटकते हुए वकील झपट्टामार सिंह आगे बढ़ते हैं और आगे आकर फ्रीज़ हो जाते हैं।)

परिचयदाता- अपमाननीय झपट्टा मार सिंह! आपको दूसरे वकीलों से झपट्टा मार कर केस छीन लेने में महारत हासिल है...आप अपने मुवक्किल को पूरी तरह निचोड़ कर

ही साँस लेते हैं...आप अपने मुवक्किल को जब तक घर से बेघर नहीं कर देते तब तक इन्हें चैन नहीं आता...इनके पास आने के बाद मुवक्किल की हालत साँप-छछूँदर जैसी हो जाती है। इनके द्वारा की गई वकालत के बीच लोग फाँसी से कम आत्महत्या करके अधिक मरते हैं...इनकी कृपा से बड़े-बड़े धुरंधर अपराधी आज न सिर्फ छुट्टा सांड की तरह घूम रहे हैं बल्कि कितने ही विधानसभा और संसद तक भी पहुँच गए हैं।

एनाउन्सर- मेरा आपसे निवेदन है कि कृपया एडवोकेट श्री झपट्टा मार सिंह के अपमान में भी ज़ोरदार तालियाँ बजाएँ।

(दर्शक तालियाँ बजाते हैं। एडवोकेट झपट्टा मार सिंह मुस्कराकर मुड़ते हैं और मटकते हुए वापस चले जाते हैं।)

एनाउन्सर- तो साथियो! कार्यक्रम को और आगे बढ़ाते हैं...और अब हमारे बीच अगले कन्टस्टेंट अपमाननीय स्वामी रसभरानंद जी पधार रहे हैं।

(संगीत की ध्वनि के साथ स्वामी रसभरानंद जी रैम्प पर कैटवॉक करते हुए आते हैं और मंच के आगे फ्रीज़ अवस्था में खड़े हो जाते हैं।)

परिचयदाता- जैसा कि नाम से जाहिर है स्वामी रसभरानंद जी ऊपर से नीचे तक रस से भरे हैं...और अपनी इसी रसिक प्रवृत्ति के चलते नौ महीने की जेल काटकर आये हैं। आपके चेले और चेलियों की संख्या लाखों में है...आप मटक-मटक कर, नाच-नाचकर प्रवचन देने की कला में निपुण हैं...आप बड़े-बड़े उद्योगपतियों के करोड़ों के काले धन्धे को सफेद बना चुके हैं.. बड़े-बड़े नेता-अभिनेताओं की नैया आपकी शरण में आकर तर गई है...आपके आलीशान आश्रमों को देखकर बड़े-बड़े करोड़पतियों की लार टपकती है.

..तमाम शिष्याएँ दिन-रात आपकी सेवा के लिए तत्पर रहती हैं और अपना जीवन नरक बनाती हैं।

एनाउन्सर- तालियों द्वारा स्वामी रसभरानंद जी का भव्य अपमान होना चाहिए।

(दर्शकों द्वारा तालियाँ बजाई जाती हैं। स्वामी रसभरानंद जी मुस्कुराते हुए मुड़ते हैं और मटकते हुए चले जाते हैं।)

एनाउन्सर- दोस्तो! तो ये थे स्वामी रसभरानंद जी...अपना कार्यक्रम आगे बढ़ाते हैं...और अब जो प्रतियोगी हमारे बीच आ रहे हैं वे हैं इंस्पेक्टर लट्ठा सिंह...

(संगीत की ध्वनि के साथ इंस्पेक्टर लट्ठा सिंह वर्दी में अपनी लाठी के साथ थिरकते हुए कैटवॉक करते हुए आते हैं और आगे आकर फ्रीज़ हो जाते हैं।)

परिचयदाता- अपमाननीय इंस्पेक्टर लट्ठा सिंह। आपको रिवाल्वर से ज़्यादा लट्ठ चलाने में महारत हासिल है...अपने आदमकद लट्ठ से अब तक ये सैकड़ों निर्दोषों की खोपड़ी खोल चुके हैं...लट्ठा सिंह जी के आतंक के कारण हर अपराधी आपको निश्चित समय पर हफ्ता पहुँचाता है...अपनी सैलरी से आपकी सौ-डेढ़ सौ गज का मकान बनाने की भी औक़ात नहीं है लेकिन लट्ठा सिंह जी ने कई शहरों के पॉश इलाकों में अपनी कोठियाँ खड़ी कर ली हैं...लट्ठा सिंह के लट्ठ का लोहा शहर का हर कमज़ोर और ईमानदार आदमी मानता है जबकि अपराधियों से आपका लट्ठ बहुत दोस्ताना तरीके से पेश आता है।

एनाउन्सर- दोस्तो! यदि आप ईमानदार हैं और किसी अपराध में लिप्त नहीं हैं तो एक बार अपमानीय लट्ठा सिंह के अपमान में भी ज़ोरदार तालियाँ बजा दें।

(दर्शकों द्वारा तालियाँ बजाए जाने के साथ ही लट्ठा सिंह मटकते हुए वापस चले जाते हैं।)

एनाउन्सर- साथियो! हमारी लिस्ट में अब बस दो नाम और हैं। तो इन दोनों नामों में से सबसे पहले मंच पर अपमानित करने के लिए हम बुला रहे हैं। ठकेदार रेतीलेलाल को!

(संगीत की ध्वनि के साथ थुलथुले शरीर के ठेकेदार रेतीलेलाल कैटवाक करते हुए मंच पर आते हैं और आगे आकर फ्रीज़ हो जाते हैं।

परिचयदाता- अपमाननीय ठेकेदार रेतीलेलाल। आपके द्वारा बनाई कई इमारतें उद्घाटन के पहले ही धराशायी हो चुकी हैं...रेत और सीमेंट का 100 बटा एक का रेशियो रखते हैं...यानी सौ हिस्सा रेत और एक हिस्सा सीमेंट। आप गोटियाँ बिछाने में इतने निपुण हैं कि हर महत्वपूर्ण काम का ठेका आपको मिलता है। और इंजीनियरों को चढ़ावा चढ़ाकर हर घटिया से घटिया निर्माण को आप पास करा लेते हैं...कितनी ही ऐसी इमारतें है जो इन्होंने केवल फाइलों में ही बनाकर उनका पेमेंट झटक लिया है।

एनाउन्सर- भई वाह! अपने ये ठेकेदार रेतीलाल भी कम नहीं. ..भई इनके अपमान में ज़ोरदार तालियाँ हो जाएँ।

(दर्शकों द्वारा तालियाँ बजाए जाने के बाद ही ठेकेदार रेतीलाल भी कैटवॉक करते हुए वापस चले जाते हैं)

एनाउन्सर- और अब हमारे इस कन्प्शन प्राइज़ कॉन्टेस्ट के अन्तिम कनटस्टेंट हैं सरकारी दफ़्तर के बड़े बाबू लपकचंद जी लंपट!

(बाबू लपकचंद लंपट रैम्प पर मटकते हुए आते हैं और पूर्व प्रतियोगियों की तरह फ्रीज़ हो जाते हैं)

परिचदाता- ये हैं बाबू लपकचंद लंपट जी! आगे-पीछे ऊपर-नीचे इन्हें हर तरफ से रिश्वत का धन लपकने में महारत हासिल है। पाँच रुपये से लेकर पाँच लाख की रिश्वत ले चुके हैं। बड़े-बड़े अधिकारी इनकी महिमा

के आगे स्वयं को निरीह असहाय पाते हैं...इन्होंने न जाने कितनों का भविष्य बना और बिगाड़ दिया है. ..बनते तभी हैं जब इनकी हथेली की खुजली को याचक द्वारा नोटों की गड्डियाँ रखकर मिटाया जाता है...भ्रष्टाचार की दुनिया के मंजे हुए खिलाड़ी हैं देखने में दीन-हीन, लेकिन करोड़ों की सम्पत्ति के स्वामी हैं। जब-जब रिश्वत लेते हुए पकड़े जाते हैं तब-तब रिश्वत देकर छूट जाते हैं।

एनाउन्सर- वाह-वाह! भई वाह! मुझे तो लगता है इस बार पुरस्कार इन्हीं के पास जाएगा...ख़ैर जजों द्वारा अभी निर्णय सुनाया जाएगा...तब तक आप बाबू लपटानंद लंपट जी के अपमान में भरपूर तालियाँ बजाकर इन्हें अपमानित करें।

(दर्शक तालियाँ बजाते हैं और बाबू लपटानंद लंपट रैंप पर मटकते हुए वापस लौट जाते हैं।)

एनाउन्सर- अब मैं चारों जजों से कहूँगा कि वे यहाँ आकर अपना स्कोर बताएँ और इस वर्ष के करप्शन सम्राट के नाम की घोषणा करें।

(चारों जज मंच के बीच में आकर आपस में कुछ खुसर-पुसर करते हैं, तब माइक पर पहुँचकर घोषणा करती हैं-श्रीमती किचकिच चड्ढा।)

श्रीमती किचकिच चड्ढा- आज के सभी प्रतियोगियों में कड़ा मुकाबला था...हमें निर्णय लेने में खासी कठिनाई हुई है...अब दिल थाम के बैठिए...इस वर्ष के करप्शन सम्राट हैं...

(अभी श्रीमती किचकिच चड्ढा नाम की घोषणा नहीं कर पातीं कि हाँफते और गिरते-पड़ते नेता भी मंच पर आते हैं जिनके हाथ में नोटों से भरा सूटकेस है)

नेता- अजी ज़रा ठहरिए मैडम जी...

श्रीमती चड्ढा- अ...आप कौन?

नेता- अरे मुझे नहीं पहचाना है? मैं हूँ मंत्री दलबदल सिंह धुरंधर...पिछले तिरसठ सालों से हर वर्ष यह पुरस्कार मुझे मिल रहा है।

डॉ॰ भरपूर छिन्दवानी- लेकिन दलबदल सिंह जी! इस बार का 'करप्शन सम्राट' का पुरस्कार आपको नहीं दिया जा सकता।

प्रो. पलटवार सिंह- देखिए...आपका पहले से नॉमिनेशन नहीं था. ..आप इस बार लेट हो गए।

नेता- अरे भई...लेट कहाँ हुए...अभी आपने नाम की घोषणा थोड़े ही की है?

सूरतचंद सूरती वाले- लेकिन फिर भी अब सारे लोग अपनी परफॉर्मेंस दे चुके हैं। सो, सॉरी आप इस बार मॉफ कीजिए।

नेता- अरे मॉफी-वॉफी छोड़िये! ये देखिए...सूटकेस खोलकर दिखाता है...पूरे चालीस लाख हैं...

प्रो. पलटवार सिंह- फॉर्टी लेक...यानी 10 लैक ईच...वाउ!

(डॉ० भरपूरचंद छिन्दवानी नेता से सूटकेस ले लेते हैं, चारों जज एक बार फिर आपस में खुसर-पुसर करते हैं, श्रीमती किचकिच चड्ढा एक बार फिर से माइक पकड़कर घोषणा करती हैं।)

श्रीमति चड्ढा- तो प्यारे देशवासियो...कुछ महत्वपूर्ण कारणों से निर्णय में व्यवधान उत्पन्न हुआ...तो एक बार फिर दिल थाम लीजिए...हाँ तो इस साल के 'करप्शन सम्राट' हैं पिछले तिरेसठ सालों से आपके जाने-पहचाने वही.. .नेता दलबदल सिंह धुरंधर...

एनाउन्सर- ज़ोरदार तालियाँ...

काले कपड़ों में एक युवती आती है और नेता दलबदल सिंह धुरंधर को खतरे के निशान वाला मुकुट पहनाती है और जजों में से एक जज प्रो. पलटवार सिंह नेताजी के गले में हड्डियों की माला पहनाते हैं।

(पर्दा गिरता है)

सण्टू का सपना

पात्रः

सण्टू कुमार (विवाह योग्य लड़का)
मिस रीटा (विवाह योग्य लड़की)
चवन्नी देवी (मिस रीटा की माँ)
झूमरलाल (मिस रीटा के पिता)
इमरती देवी (सण्टू की माँ)
मलूकचंद (सण्टू के पिता)

(मंच पर ड्राइंगरूम का दृश्य)

मंच की दाँयी ओर से एक बच्चा तेज़ी से 'आ गये', 'आ गये', 'आ गये' कहकर बाँयी ओर निकल जाता है। तभी दो और बच्चे दाँयी ओर से बाँयी ओर 'आ गये', 'आ गये' कहकर निकल जाते हैं...कुछ पल बाद दाँयी ओर से एक अधेड़ स्त्री, जिसका नाम श्रीमती चवन्नी देवी है, एक अधेड़ पुरुष श्री झूमरलाल तथा एक युवती (मिस रीटा) जो पैंट, टी शर्ट में है, मंच पर प्रवेश करते हैं। बाँयी ओर से एक ओर से एक अधेड़ पुरुष श्री मलूमचंद और एक स्त्री श्रीमती इमरती देवी स्वागत में आगे निकलकर आते हैं।

मलूकचंद- नमस्कार भाई साहब, नमस्कार बहन जी, आइये... आइये...स्वागत है आपका..

इमरती देवी- (हाथ जोड़कर) नमस्कार भाई साहब, बहन जी नमस्कार...

(प्रत्युत्तर में तीनों हाथ जोड़कर नमस्ते करते हैं।)

मलूकचंद- आइये, इधर आ जाइए!

(तीनों बैठ जाते हैं।)

इमरती देवी- भाई साहब, मकान ढँढ़ने में कोई परेशानी तो नहीं हुई?

झूमरलाल- नहीं, नहीं...ऐसी कोई ख़ास परेशानी नहीं हुई।

मलूमचंद- बहन जी, आराम से बैठिए...आपका ही घर है...

(तभी एक बच्चा पानी के गिलास लेकर आता है और सबको पानी सर्व करता है और वापस चला जाता है।) पानी पीने के बाद...

चवन्नी देवी- देखिए, पहले हम लड़के को देखेंगे...उसके बाद और जो बातें होगीं, वो तय कर लेंगे...

इमरती देवी- जी.जी.. अभी बिल्कुल अभी बुलाते हैं (ज़ोर से आवाज़ देते हुए) अरे पिंटू बेटा, सण्टू भैया को तैयार करके ले आओ...

(तभी संगीत के साथ हाथ में चाय-नमकीन-बिस्कुट

	की ट्रे लेकर सिर झुकाये सण्टू का प्रवेश...पहले सबको नमस्ते करके ट्रे को टेबिल पर रखकर कपों में चाय डालकर सबको सर्व करता है फिर सिर झुकाकर खड़ा हो जाता है।)
चवन्नी देवी-	बैठ जाओ बेटा!
इमरती देवी-	हाँ...हाँ बैठ जाओ सण्टू बेटा।
	(सण्टू कुर्सी पर सिर झुकाकर बैठ जाता है।)
झूमरचंद-	सण्टू बेटा! क्या नाम है तुम्हारा?
चवन्नी देवी-	ऐ जी! आप चुप रहिए! हाँ...हाँ सण्टू बेटा, बताओ तो ज़रा, क्या नाम है तुम्हारा?
सण्टू-	जी...सण्टू कुमार!
झूमरचंद-	सण्टू बेटा! कौन-सी क्लास तक पढ़ाई की है?
चवन्नी देवी-	ऐ जी आप चुप रहिए! हाँ...हाँ सण्टू बेटा, बताओ तो ज़रा कौन सी क्लास तक पढ़ाई की है?
सण्टू-	जी...एम०ए० किया है।
मिस रीटा-	कौन-से सबजेक्ट से?
सण्टू-	जी...होम साइन्स से।
झूमरचंद-	सण्टू बेटा! क्या कोई और कोर्स किया है?
चवन्नी देवी-	ऐ जी आप चुप रहिए! हाँ...हाँ बताओ तो ज़रा कोई कोर्स-वोर्स भी किया है क्या?
सण्टू-	जी...पाक कला और सिलाई-कढ़ाई के छः-छः महीने के कोर्स किये हैं?
चवन्नी देवी-	अरे बेटा! केवल कोर्स ही किया है या कुछ बनाना-वनाना भी जानते हो?
इमरती देवी-	बहन जी! दर्जनों तरह का खाना पका लेता है हमारा सण्टू... सिलाई-कढ़ाई में कुर्ता, सूट, ब्लाउज़, नाइटी सब सिल लेता है।
मिस रीटा-	हाइट क्या है?...ब्लड ग्रुप भी बताइये!
सण्टू-	जी पांच फुट आठ इंच, ब्लड ग्रुप बी पॉजिटिव है जी...

झूमरचंद- सण्टू बेटा! एक बार खड़े होकर ज़रा दिखाओगे क्या?

चवन्नी देवी- ऐ जी आप चुप रहिए! हाँ..हाँ सण्टू बेटा...एक बार खड़े होकर ज़रा चल के दिखाओ!

(सण्टू सकुचाते हुए खड़ा होकर थोड़ा इधर-उधर चलकर दिखाता है।)

चवन्नी देवी- बस-बस बेटा...अब बैठ जाओ!

(सण्टू बैठ जाता है)

चवन्नी देवी- (मलूकचंद) से भाई साहब! आप सब सण्टू बेटे को अन्दर ले जाइये!

(मलूकचंद सण्टू को लेकर अन्दर जाते हैं।)

चवन्नी देवी- हाँ तो बहन जी! आपका बेटा हमें तो पसंद है;...क्यों रीटा बेटी तुम बताओ?

मिस रीटा- हूँ...हाँ...ठीक है।

चवन्नी देवी- चलो, ये देखना-भालना तो हो गया..अब थोड़ा लेन-देन पर भी विचार कर लेते हैं...

इमरती देवी- देखिए...ये हमारा इकलौटा बेटा है...हम जितना हो सकेगा जी जान से खर्च करेंगे।

झूमरचंद- हाँ...हाँ वो तो ठीक है, लेकिन बात साफ़-साफ़ होनी चाहिए...

चवन्नी देवी- आप चुप रहिए जी! हाँ तो बहन जी, साफ़-साफ़ होनी चाहिए कि आप कितना खर्च करेंगे?

मलूकचंद- जी...पाँच लाख तक लगा देंगे...थोड़ा-बहुत इधर-उधर भी हो सकता है...

चवन्नी देवी- पाँच लाख...हँ हँ...(हँसती है) क्या मज़ाक कर रहे हैं भाई साहब। रीटा लाखों में क्या करोड़ों में एक है. ..रिश्तों की लाइन लगी हुई है...दस लाख से ऊपर तक के कई ऑफर आ चुके हैं...

इमरती देवी- ज..जी..दस लाख तो बहुत हैं...हम तो खींच-खाँच के छह लाख तक जा सकते हैं...इससे अधिक की सामर्थ्य नहीं है हमारी...

चवन्नी देवी- छः लाख...छह लाख में तो बात नहीं बनेगी जी...

इमरती देवी- देखिए...इसके बाद भी हमें जीवन-भर खर्चे करना ही है, जितना भी हो सकेगा हम देते-दिलाते रहेंगे..

चवन्नी देवी- वो तो ठीक है बहन जी...अभी आप दस लाख खर्च करो तो बताओ, फिर बात आगे बढ़ाएं...नहीं तो हमें माफ करें...

इमरती देवी- जी...दस लाख तो हमारे वश की बात नहीं है...

(चवन्नी देवी, झूमरचंद और रीटा उठते हुए)

चवन्नी देवी- तब तो माफ़ ही कीजिए बहन जी...ठीक है, अब हम चलते हैं...आप और सोच लीजिए...अच्छा नमस्ते.

..(इमरती देवी, मलकचंद रोकने का असफल प्रयास करते हैं किन्तु तीनों का प्रस्थान...उनके जाने के बाद इमरती देवी और मलूकचंद हिचकियाँ लेते, सिसकते हुए मंच पर दिखाई देते हैं।)

(पर्दा गिरता है और थोड़ी ही देर में पुनः खुल जाता है।)

(मंच पर ड्राइंगरूम के सोफे पर सण्टू सो रहा है कि अचानक अलार्म बजता है और सण्टू चौंक कर जाग जाता है)

सण्टू- अरे बाप रे...कितना भयानक सपना था...शादी के लिए सपने में कितनी लड़कियों ने ठुकरा दिया मुझे...इसलिए कि पूरा दहेज माँ-पिताजी नहीं जुटा पा रहे थे...ना...ना अब मैं दहेज नहीं लूँगा...क्या बीतती होगी उन लड़कियों और उनके माँ-बाप पर जिन्हें दहेज के कारण लड़के के माँ-बाप ठुकरा देते हैं... मैं माँ-पिताजी से साफ़ मना कर दूँगा कि मुझे शादी में एक धेले का भी दहेज नहीं चाहिए...हो सकता है बुरा मानें...लेकिन मुझ विश्वास है मैं उन्हें मना लूँगा...पर कुछ भी हो जाए मैं दहेज नहीं लूँगा...नहीं लूँगा...नहीं लूँगा...

(पर्दा गिरता है)